KB188520

땅, 성경, 이야기

THE BASIC BIBLE ATLAS
Copyright @ 2020 by John A. Beck
Originally published in English under the title The Basic Bible Atlas by Baker Books,
A division of Baker Publishing Group
P.O. Box 6287, Grand Rapids, MI 49516, U. S. A.
All rights reserved.
Used and translated by the permission of Baker publishing Group through rMaeng2, Seoul, Republic of Korea
This Korean translation edition ©2021 by Kukmin Publishing Co., Seoul, Republic of Korea

이 한국어판의 저작권은 알맹2를 통하여 Baker Books와 독점 계약한 국민출판사(선한청지기)에 있습니다.
신 저작권법에 의하여 한국 내에서 보호받는 저작물이므로 무단전재와 무단복제를 금합니다.

땅, 성경, 이야기

초판 1쇄 발행 2021년 4월 9일
초판 2쇄 발행 2021년 5월 10일

지은이 존 A. 벡
옮긴이 김태훈

펴낸이 한정숙
펴낸곳 선한청지기
등록 제313-2003-000358
주소 서울특별시 마포구 동교로 12길 41-13(서교동)
전화 02) 322-2434(대표)
팩스 02) 322-2083
블로그 http://blog.naver.com/kukminsteward
SNS https://www.facebook.com/sunhanpub
이메일 kukminpub@hanmail.net

편집 이원석, 박주신, 변규미
디자인 블루

기독교 총판 생명의 말씀사

ⓒ 존 A. 벡, 2021
ISBN 979-11-87022-36-7 (03230)

※ 이 책의 전부 또는 일부를 이용하려면 국민출판사(선한청지기)의 서면 동의를 받아야 합니다.
※ 잘못된 책은 구입한 서점에서 교환하여 드립니다.

약속의 땅에서 다시 보는 성경

땅, 성경, 이야기

존 A. 벡 지음 | 김태훈 옮김

선한청지기

추천사

때로 우리의 상상력이 성경 읽기를 교란시켜 성경의 시대와 지역의 실제적인 삶과 완전히 동떨어진 해석을 낳기도 합니다. 물론 이는 성경의 지리와 환경에 대한 우리의 무지를 상상으로 메우다가 발생하는 문제입니다.

저자는 하나님의 구속 경륜을 성경의 여러 사건이 일어나는 지리적 환경을 통해 생생하게 드러냅니다. 또한 이를 통해 독자들이 성경을 입체적으로 이해할 수 있도록 틀과 토대를 제공합니다. 우리 믿음의 선조들이 살았던 약속의 땅에서 하나님께서 어떻게 역사하셨는지를 온전히 깨달아 맛보기 원하는 분들은 이 책을 꼭 읽어보십시오. 성경에 대한 이해력이 전보다 훨씬 더 향상될 것입니다.

김관성 목사 - 행신침례교회 담임목사, 〈본질이 이긴다〉 저자

나는 평생토록 이스라엘의 땅과 역사를 연구해 왔지만, 존 벡 박사의 저술로부터 항상 새로운 통찰을 얻게 된다. 이 책*The Basic Bible Atlas*도 예외는 아니다. 벡은 풍성한 강의 경험과 성지를 여행하면서 얻은 지식을 바탕으로 성경 내러티브를 이해하는 열쇠로서 물리적 환경이 매우 중요하다는 사실을 분명하게 보여 준다. 벡은 이스라엘 이야기 속에서 중요한 발전과 전환점에 초점을 맞추며, 그 이야기를 수정처럼 명료하면서도 통찰력 있게 들려준다.

J. 칼 레이니 - 웨스턴 신학교(포틀랜드)의 성서학 교수, 이스라엘 연구 프로그램 책임자

이 지도책은 성경의 실제 세계로 들어가는 기분 좋은 시도다. 존 벡은 이 책에서 성경 내러티브의 흐름과 지리적 맥락을 잘 엮어서 우리가 성경 본문을 읽을 때 그와 동시에 그 땅을 읽는 방법을 보여 주었다. 벡의 이 결실은 우리의 성경 읽기에 생동감을 주고 성경의 내용이 우리의 삶에 뿌리를 내리게 하는 다채로운 태피스트리tapestry와 같다.

폴 H. 라이트 - 예루살렘 대학교 성지 연구소 소장, 〈손에 잡히는 성경 지도〉 저자

이 책은 성경 이야기를 응집력 있는 내러티브로 엮어 보려고 하는 사람들 누구에게나 다른 지도책보다 훨씬 더 귀중한 책으로 다가올 것이다. 존 백은 지리를 성경을 구성하는 원리로 이해함으로써, 독자들을 창세기부터 요한계시록까지의 긴 여행으로 데리고 간다. 이 이야기에서 구원 이야기는 에덴동산에서 시작하여 같은 동산에서 끝이 난다. 성경 역사는 이 해석 자원 속에서 비옥한 초승달 지대의 강들처럼 흘러, 성경에 대해서 완전히 새롭게 생각할 준비가 되어 있는 진지한 성경학도 그 누구도 이 흐름을 놓치지 않게 한다.

C. 샤펠 템플 – 슈거랜드의 그리스도 교회 담임목사

존 백은 성경학도들에게 성경을 공부할 때 도움이 될 만한 자료를 제공해 주었다. 이 책은 성경의 내용을 성경의 지리와 연결하기 원하는 새 신자나 기존 신자들 모두에게 진입점을 제공한다. 이 책은 상대적으로 부피가 작지만, 성경의 메타내러티브 meta-narrative를 지리학적으로 매우 풍성하게 조망하게 해 준다. 이러한 지리적인 차원은 성경에 대한 우리의 이해를 깊게 해 주고, 우리의 설교와 가르침에 생생함과 생기를 더해 준다.

마이클 A. 그리산티 – 마스터 신학교 구약학 교수

존과 함께 성경의 땅을 걸어 왔던 많은 사람 중 한 명으로서, 이 내러티브는 나에게 마치 어른들의 발치에 앉아 우리 가문의 구속 역사를 듣는 것처럼 느껴진다. 존은 성경의 땅에 뿌리를 내리고 있는 우리의 정체성에 대해서 곰곰이 생각하게 해 주고, 우리를 용서하시고 우리와 함께하시는 하나님께서 우리 이야기의 시작과 끝을 쓰시는 분이심을 다시 한번 일깨워 준다. 존은 사람들이 성경을 생동감 있게 느끼도록 만들기를 갈망하는 목회자로서의 나의 역할을 도와 하나님께서 자신의 백성들에게 주신 땅이 어떻게 세상에 영향력을 행사하고 어떻게 하나님의 영광을 널리 알릴 교차로가 되는지를 설명할 수 있게 도와준다. 독자들은 성경의 많은 부분이 전개되는 실제 토양에서 신학의 역사적 기초를 놓을 수 있게 될 것이고, 창세기부터 요한계시록까지의 완전한 이야기를 더 잘 이해하게 될 것이다.

짐 할버트 – 크로스로드 커뮤니티 교회 담임목사

내 영혼의 동반자이자,
더불어 늘 함께 모험하고,
배낭여행을 즐기는 나의 신부

마미에게

목차

목차

지도 및 일러스트 목록

감사의 말

지리와 성경의 관계에 대한 저의 사상이 빚어지는 과정에서 주님께서 사용하신 분들께 감사의 마음을 전하고 싶습니다. 먼저 예루살렘 대학의 총장이신 폴 라이트 박사님께 고마운 마음을 전합니다. 저는 당신과 함께 주님의 땅을 거닐며 나누었던 대화로 이렇게 성장했습니다.

다음으로 저와 함께 중동 지역에서 현장 학습을 했던 전 세계 각지에서 온 제 학생들 모두에게 감사의 마음을 전합니다. 여러분들의 사려 깊은 질문과 부드러운 문제 제기로 인해 제가 생각하고 말하는 방식이 좀 더 성숙해지게 되었고, 여러분들 때문에 제가 성경 지리를 더욱 의미 있게 만들 수 있었습니다.

끝으로 베이커 출판사의 선임 원고 검토 편집자인 브라이언 보스에게 감사의 마음을 전합니다. 당신은 제가 이 프로젝트에서 파트너로 함께 일할 수 있도록 초대해 주었고, 제가 쓴 글이 살아날 수 있게 통찰력 있는 제안을 해 주었습니다. 저는 주님께서 우리가 공동으로 작업한 이 도구를 하나님의 나라를 확장하는 데 사용해 주시기를 기도합니다.

일러두기

1. 이 책에 사용된 지명과 인명들 중 성경에 등장하는 경우는 한글 성경(개역
   개정판)의 번역을 따랐고, 성경에 언급이 없는 경우 학계에서 통용되는 단어를
   사용하고자 노력했습니다. 다만, 번역어가 통일되지 않은 용어의 경우에는
   번역자의 재량으로 번역하였습니다. 또한 평소 익숙지 않은 지리학의 용어나
   특이한 표현의 경우에는 영어 단어(혹은 한자까지)를 병기하였습니다.
2. 본문 속 성경 인용은 기본적으로 개역개정판을 따랐으나, 원저자의 뉘앙스를
   살리기 위해 때에 따라 새번역 성경을 인용하거나, 역자가 별도로 번역하여
   싣기도 하였습니다.
3. 저자는 '하나님'God이라는 표현보다 '주님'Lord이라는 표현을 압도적으로 많이
   사용합니다. '주님'을 주어로 문장을 쓰는 것이 생각보다 어색한 경우가 많았지만
   가급적 저자의 표현을 그대로 살려서 번역하였습니다.
4. 역자와 편집자가 간략한 설명을 덧붙인 주를 본문 안에 삽입하였습니다. 저자의
   주석은 원서를 그대로 따라서 미주로 처리했습니다.
5. 저자는 마일이나 평방마일, 피트, 에이커 등의 단위를 사용하고 있는데, 이를
   전부 미터법으로 환산하여 번역하였습니다.
6. 저자는 의도적으로 현재 시제와 과거 시제를 섞어서 교차 사용하고 있습니다.
   이러한 시제 사용은 이 책의 독특한 문학성을 형성합니다. 따라서 저자의 시제
   사용을 최대한 살려서 번역하였습니다.

제 1 부

성경의 땅
소개

지도책ATLAS에 대한 소개

성경은 처음부터 끝까지 지리에 기반을 둔 이야기를 들려준다. 주님께서 아담과 하와에게 에덴이라는 동산 안에 집을 주시면서 시작하는 이 이야기는 주님께서 아담과 하와의 후손들에게 새 예루살렘에서의 영원한 집을 주시면서 끝이 난다. 성경은 언제나 이 둘 사이에서 어딘가somewhere와 관련되어 있는 이야기를 전한다.

그러나 그 어딘가는 우리의 어딘가가 아니다. 역사 이래 모든 사람이 그런 것처럼 우리도 장소에 의해서 형성된다. 우리가 누구이고, 어떻게 생각하며, 어떻게 소통하는지는 우리가 어디로부터 왔는지에 대한 이해와 밀접하게 연관되어 있다. 우리가 어디

1.1 현대 지중해 세계

서부터 왔는지를 이해하지 못한다면, 누구도 우리의 이야기를 충분히 이해하지 못할 것이다.

이는 성경 이야기에도 동일하게 적용된다. 성경의 이야기는 하나님께서 현실적인 시간과 장소에서 실재하는 백성들을 만나시는 이야기이다. 우리가 그 이야기가 펼쳐지는 장소를 제대로 이해하지 못한다면, 그 이야기의 내용 역시 제대로 이해할 수 없을 것이다. 그래서 당신에게 지도책atlas이 필요하다. 주님께서 어떤 것은 지리geography를 사용하셔서 우리에게 말씀하셨기 때문이다.

시돈
레바논
헤르몬산
다마스쿠스
시리아
두로
텔 단
로쉬 하니크라
악고
갈릴리
골란
하이파
디베랴
나사렛
갈릴리바다
므깃도
벳산
가이사랴
제닌
아모트 길라드
세겜
얍복강
텔아비브
벧엘
암만
야파
여리고
아스돗
길갈
예루살렘
아스글론
베들레헴
가사
헤브론
사해
칸 유니스
아라드
요르단
베르셰바
이스라엘
네게브
가데스
바네아
시나이 반도

이집트

—·—·— 국경
·········· 구분선

0   25   50 mi
0 25 50 km

에이라트

1.2 **현대 이스라엘**

■ 왜 나에게 이 책이 필요한가?

물론 주변에서 많은 성경 지도책들을 구할 수 있다. 그러나 만약 당신이 성경 지리에 대해 이제 막 공부하려는 사람이라면, 이 책이야말로 당신에게 딱 맞는 책이다. 이 책은 (성경 지리에 관한—편집자 삽입) 기본 토대와 큰 그림을 제시하는 데 주안점을 둔다.

이 책의 파트 1은 성경 세계의 초급 지리에 대한 분명하고 간결한 소개와 전체 성경 이야기에 영향을 미치는 큰 그림으로 된 지형도로 시작한다. 우리는 다음과 같은 질문들에 대해서 탐구한다.

> "약속의 땅이 어디에 위치해 있는가?"
> "그 땅은 얼마나 큰가?"
> "이 땅에 관해서 내가 알아야 할 가장 중요한 사실들은 무엇인가?"
> "왜 주님께서는 이스라엘을 약속의 땅으로 택하셨는가?"

파트 2에서는 창세기부터 요한계시록까지의 구속 이야기 전체를 살펴볼 것이고, 각각의 주요한 지리적 이동을 확인하며, 그것이 주는 의미에 대해서 살펴볼 것이다. 그리고 위치에 있어서 중요한 변화가 있을 때마다 혹은 그 위치의 본질에 있어서 변화를 목격할 때마다, 우리는 그 자리에 멈춰 서서 우리가 어디에 있는지, 무엇이 변화했는지, 그리고 그러한 변화가 성경 이야기에 어떠한 영향을 주는지에 대해서 함께 숙고해 볼 것이다.

마침내 당신은 성경의 메시지를 형성하는 데 있어 지리가 하는 역할뿐만 아니라 성경의 땅 그 자체를 더 잘 알게 될 것이다. 그러나 무엇보다 가장 큰 보상은 주님께서 말씀하시는 것을 더욱 분명하게 듣게 되는 기쁨일 것이다. 한때 성경의 땅과 상관없이 그 위에서 맴돌았던 이야기가 이제는 그 땅에 자리를 잡기를 바란다. 나아가 당신 자신이 성경의 이야기와 성경의 땅, 그리고 이것들을 통한 교훈들과 생생하게 연결되는 것을 직접 보고 느끼게 되기를 바란다.

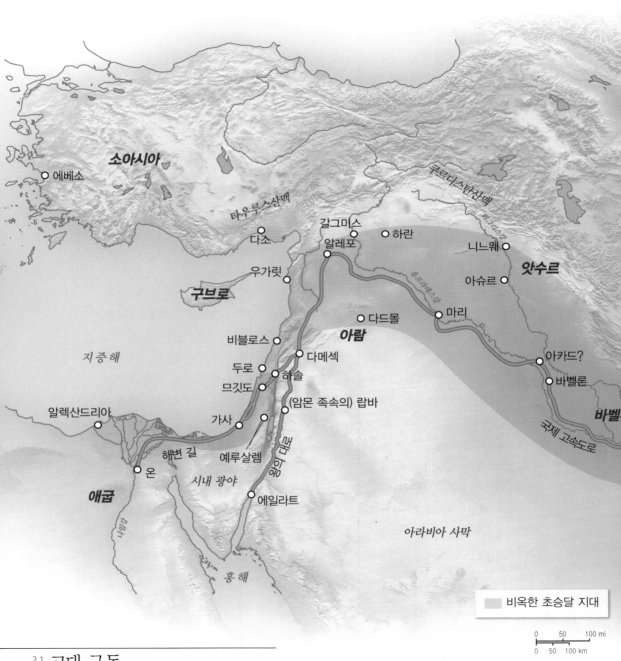

2.1 **고대 근동**

■ 비옥한 초승달 지역

고대 이스라엘은 비옥한 초승달 지역의 일부였다. 이 지역은 애굽에서 페르시아만 해안까지 2,900km에 걸쳐서 펼쳐져 있는 광범위한 아치형 지역이다(지도 2.1). 비옥한 초승달 지역에서는 몇 가지 이유로 삶과 문화가 꽃피어다.

비옥한 초승달 지역은 식량을 생산하는 땅이었다. 고대의 경제는 곡물 생산에 기반했는데, 이는 곡식이 그 당시의 주요 음식이었기 때문이다. 비옥한 초승달 지역 전역에 내린 충분한 강우량—혹은 강에서 농장으로 물의 방향을 전환시키는 관개 수로를 통해 동일한 효과를 얻는 것—덕분에 농부들은 맥류麥類, wheat and barley를 재배할 수 있었다.

비옥한 초승달 지역은 제국을 건설하는 땅이었다. 비옥한 초승달 지역에서는 그 위도상 주민들이 비축을 위한 잉여 곡물을 재배할 수 있었고, 양이나 염소, 낙타를 비롯한 가축 사육 또한 가능했다. 이러한 사실은 비옥한 초승달 지역의 거주민들이 서로를 고립시키는 수렵-채집 중심의 생활 방식에서 함께 가까이에서 살아갈 수 있는 농경-목축 중심의 생활 방식으로 삶을 변화시킬 수 있었음을 의미한다. 결과적으로 마을, 읍, 도시 그리고 제국이 이 땅에 뿌리를 내렸다. 성경은 애굽, 앗수르, 바벨론과 같은 수많은 거대 제국들에 대해 언급한다.

비옥한 초승달 지역은 여행에 우호적인 땅이었다. 비옥한 초승달 지역의 도시들과 제국들은 서로 교류했다. 상인들은 이웃한 공동체들 사이에서 상품들을 날랐고, 문화적 혁신을 교환했으며, 장군들은 군대를 이끌고 나가 인접한 제국들과 싸웠다. 비옥한 초승달 지역은 그곳을 여행하는 동안 음식과 물을 충분히 얻을 수 있었을 뿐 아니라 여행하기에 적합한 지형이었으며, 배가 다닐 수 있는 하천이 잘 발달해 있었기 때문에 자연스럽게 무역과 군사 이동을 위한 둑길causeway이 되었다.

자그로스산맥

수사

페르시아만

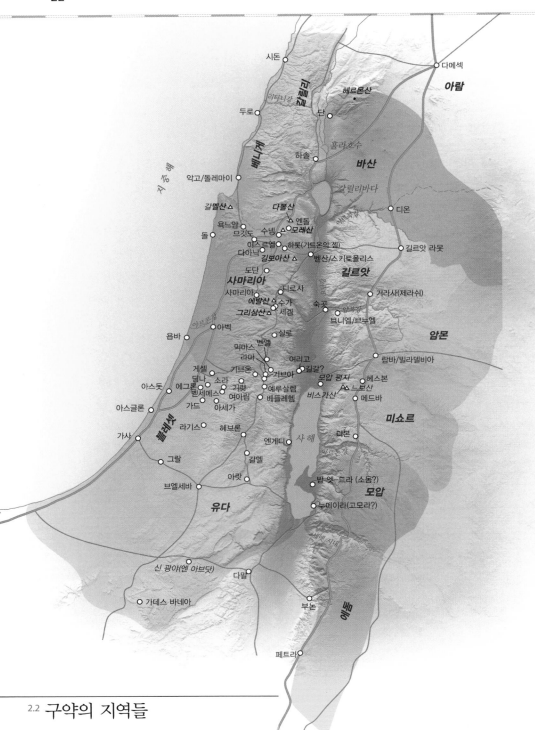

2.2 구약의 지역들

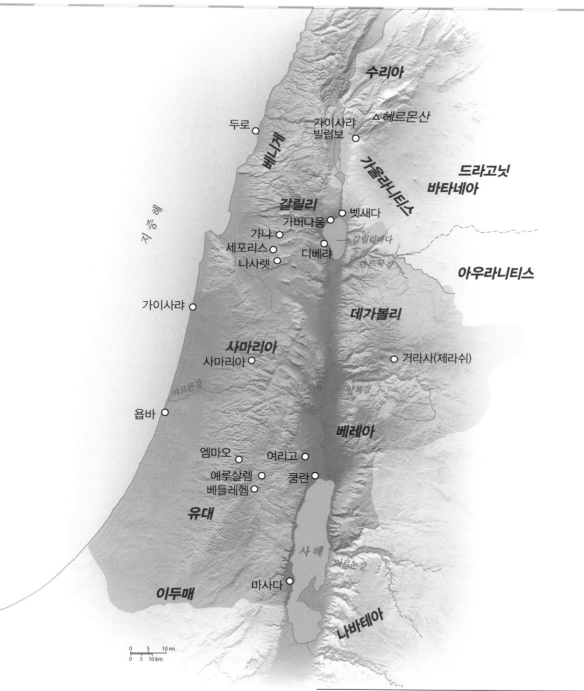

수리아

두로

가이사랴
빌립보

△헤르몬산

베니게

가울라니티스

드라고닛
바타네아

갈릴리

벳새다

가버나움

가나

세포리스

디베랴

나사렛

갈릴리바다

야르묵 강

아우라니티스

지중해

가이사랴

데가볼리

사마리아

사마리아

거라사(제라쉬)

야르콘강

얍복강

욥바

베레아

엠마오

여리고

예루살렘

쿰란

베들레헴

유대

사 해

아르논강

이두매

마사다

나바테아

0 5 10 mi
0 5 10 km

2.3 신약의 지역들

■ 육교陸橋, land bridge로서의 이스라엘

이스라엘은 비옥한 초승달 지역에 있는 대륙들 사이에서 독특한 위치를 차지하며, 자연스럽게 대륙들을 연결하는 육교가 되었다. 고대 세계에서 대부분의 여행은 육로 여행이었다. 그러니 산맥이나 바다, 사막과 같은 자연 장애물은 기피 대상이 되기 마련이었다.

비옥한 초승달 지역의 서쪽 부분은 이러한 자연 장애물을 모두 가지고 있었다(지도 2.1). 이스라엘의 서쪽에는 지중해가 있었고 북쪽에는 타우루스Taurus산맥과 쿠르디스탄Kurdistan산맥이 있었다. 동쪽과 남쪽으로는 아라비아 사막과 시나이 사막이 있어 여행을 어렵게 했다. 이 모든 것 사이를 가르면서 나아갈 수 있는 유일한 길은 통행에 최적화된 육교였던 고대 이스라엘 지역이었다. 결과적으로, 아프리카와 사우디아라비아의 문명, 그리고 유럽과 메소포타미아 지역의 문명을 연결시키는 국제 고속도로the International Highway는 약속의 땅을 지나야만 했다.

자연스럽게도, 부wealth나 전쟁을 추구하는 데 관심이 있는 사람들은 사방으로 뻗어 나갈 수 있는 이 길을 장악하는 데 관심을 가지게 되었다. 상인들은 이 육교로 여행하면서 고대의 시장들을 연결했다. 사막과 바다 사이를 지나는 이 다리의 폭이 겨우 112km 정도에 불과했기 때문에 이 지역을 여행하는 사람들의 경로 선택은 제한적일 수밖에 없었고, 이러한 제한 사항은 효과적인 세금 징수를 가능하게 했다. 따라서 돈에 굶주린 제국들은 이곳에서 관세를 부과할 수 있는 기회에 호시탐탐 눈독을 들였다. 게다가 비옥한 초승달 지역의 제국들은 이 여행 회랑回廊, travel corridor 지대를 자신들과 적대국들 사이의 완충 지대로 사용했다. 이스라엘은 싸워서 얻어 낼 가치가 있는 땅, 전쟁이 끊이지 않는 땅이 되었다. 이 지역에 사는 이스라엘 사람들은 이러한 현실을 너무나도 잘 알고 있었다. 이스라엘은 제국들과 비교해 볼 때 매우 약했기 때문에, 이 육교를 점유함으로써 얻게 되는 경제적 이익에 거의 아무런 지분이 없었다. 오히려, 이스라엘 사람들은 그 땅 위에서 격렬하게 이어진 전쟁들의 반복적인 희생양이 되었다.

시돈

다메섹

리타니강

△헤르몬산

두로

단 ○가이사랴 빌립보

게데스

훌라 호수

하솔

메롬산

악고/돌레마이

고라신
가버나움 ○벳세다 율리우스
○게네사렛

막달라/타리케아
갈릴리
거라사?

키르벳 가나

디베랴
바다
히포스
골란

갈멜산△

세포리스 ○케프르 가나
가드 하벨

디온

야르묵강

나사렛

△다볼산

돌

나인 ○엔돌
수넴 ●모레산

가다라

욕느암

므깃도 ●이스르엘
다아낙 ●하롯샘

가이사랴 마리티마

길보아산△ ○벧산/스키토폴리스

기네
펠라

도단

○야베스 길르앗

사마리아
디르사

에발산
그리심산△ 수가
세겜

얍복강

거라사(제라시)

숙곳

브니엘/브누엘

실로

라마
벧엘
에브라임

미스바

아이? 여리고(구약)
엠마오? 믹마스 길갈?
게셀 아이? 사울의
기럇 기브아
딤나 여아림 예루살렘
소라 기브온 여리고(신약)
벧세메스 벤바게 베다니
야르봇 엡 세메스
가드 소고 베들레헴
아세가
가드모레셋? 헤로디움

요단 동편 베다니
(와디 엘-카라)

싯딤 모압 평지

랍바/빌라델비아

헤스본

느보산

비스가산△

아스돗

라기스 마리사

에글론(텔 엘-헤시)

가사

그랄

헤브론

엔게디

갈멜 마온

엔네글라임?

아랏

마사다

브엘세바

에네글라임?

디본

메드바

사 해

아르논강

밥 엣-드라 (소돔?)

누메이라(고모라?)

2.4 이스라엘의 주요 도시와 마을들

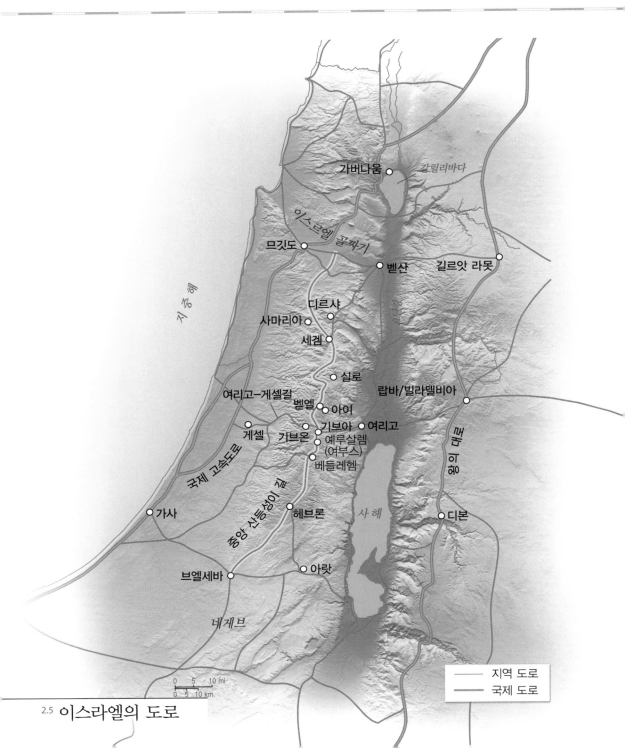

가버나움   갈릴리바다

이스르엘 골짜기

므깃도   벧산   길르앗 라못

지 중 해

디르샤

사마리아

세겜

실로

여리고—게셀길   랍바/빌라델비아

벧엘   아이

게셀   기브아   여리고

기브온

예루살렘
(여부스)

국제 고속도로   베들레헴

왕의 대로

헤브론   사 해   디본

중앙 산등성이 길

가사

아랏

브엘세바

네게브

| 0 | 5 | 10 mi |
| 0 | 5 | 10 km |

| —— | 지역 도로 |
| —— | 국제 도로 |

2.5 이스라엘의 도로

■ 이스라엘은 작은 땅이었다

성경에 나오는 이야기들이 우리 삶에서 매우 큰 역할을 하기 때문에, 우리는 으레 지리적으로도 그 이야기의 영향에 상응할 만큼 커다란 공간footprint을 상정하는 경향이 있다. 그러나 현실은 전혀 다르다. 고대 이스라엘은 매우 작은 땅이었다.

고대 이스라엘은 동서남북 전 방위에 걸쳐서 자연 지형에 따라 경계가 정해졌다. 남쪽에는 신 광야Wilderness of Zin가 있고, 서쪽에는 지중해, 북쪽에는 레바논산맥이 자리하고 있다. 그리고 동쪽에는 요단강 계곡의 호수와 강이 있다(민 34:1-12).

그렇다면, 요단강 동편에 이스라엘의 두 지팡 받이 토지 분배를 받은 것은 무슨 의미가 있는가? 이 토지 분배는 약속의 땅에서 가장 공격에 취약한 동쪽 부분을 안전하게 지키기 위한 하나님의 특별한 분배 조치로 이해하는 것이 가장 적절하다. 이스라엘의 확대 가족 구성원이라 할 수 있는 에돔, 모압, 암몬에게 주어진 땅도 이와 유사한 관점으로 이해할 수 있다(신 2:5, 9, 19). 이들의 땅도 역시 약속의 땅 바깥에 있다.

이러한 경계들을 염두에 두고, 이제 계산을 할 시간이다. 약속의 땅에서 최북단과 최남단으로 언급되는(삿 20:1; 삼상 3:20) 단과 브엘세바 사이의 거리는 불과 230km밖에 되지 않는다. 사해 중부에서 지중해까지의 거리는 90km이고 단과 지중해 사이의 거리는 겨우 40km에 불과하다. 이를 계산해 보면 약속의 땅의 면적은 고작 17,480km²* 정도다. 미국에서 이보다 작은 주states는 단 네 개뿐이다. 바로 하와이, 코네티컷, 델라웨어 그리고 로드 아일랜드이다. 어느 모로 보나, 고대 이스라엘은 작은 땅이었다.

---

* 이 면적은 경상북도(19,028㎢)보다 조금 작습니다.

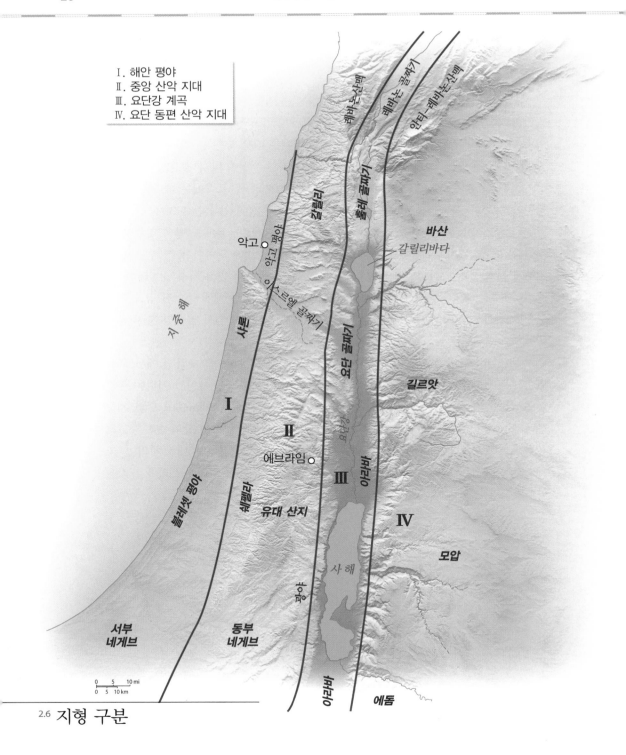

I. 해안 평야
II. 중앙 산악 지대
III. 요단강 계곡
IV. 요단 동편 산악 지대

레바논산맥

레바논 골짜기

안티-레바논산맥

갈릴리

훌레 골짜기

바산

갈릴리바다

악고

이스르엘 평야

이스르엘 골짜기

지중해

사론

요단강 골짜기

길르앗

I

II

에브라임

III

아라바

세펠라

유대 산지

IV

모압

사 해

유다

서부
네게브

동부
네게브

아라바

에돔

0 5 10 mi
0 5 10 km

2.6 지형 구분

■ 이스라엘의 지리적 다양성

약속의 땅은 작은 크기지만, 단 한 장의 사진으로는 빠르고 크게 변화하는 이 땅의 엄청난 지리적 다양성을 다 포착할 수 없다. 우리는 지중해로부터 동쪽으로 여행하면서, 세 개의 뚜렷한 지리적 구역들(만약 요단강 동쪽 지역이 포함된다면 네 개)을 만나게 된다(지도 2.6).

첫 번째는 해안 평야 지대다. 이 지역은 고도가 낮고 비교적 평평한 곳으로, 경작하기에 좋고 여행하기 용이하지만 그만큼 침입 당하기도 좋다. 이곳에 살던 사람들은 그 땅의 큰 가치와 뒤따라오는 침략으로 인한 높은 위험 사이에서 균형 잡기 어려운 상황을 맞닥뜨려야 했다. 약속의 땅에서도 매우 매력적인 이 지역은 성경 시대 내내 주로 산지에 거주했던 이스라엘 민족이 아닌 다른 이들이 지배했다.

이와는 대조적으로, 이 나라의 중앙에 있는 산악 지대는 구약 성경의 이야기들이 펼쳐지는 주 무대다. 이 중앙 산지central mountain zone는 솟아오른 지형을 자랑하는데, 대부분 높이가 460m에서 1,000m 정도이다. 이곳에서의 생활은 힘들다. 산비탈이 가팔라 농사를 짓기 어려웠고, 여행에 적합한 능선에 가 닿는 통로through routes도 몇 안 됐기 때문에 여행 자체가 쉽지 않았다. 자연의 샘을 통해 얻을 수 있는 물은 필요한 양보다 훨씬 적었기 때문에, 지역 주민들은 자기들만의 우물과 저수지cisterns를 파야 했고 그것을 지킬 수밖에 없었다. 이 땅은 외부로부터의 침입은 별로 없었지만, 땅 자체가 고난이었다. 그 고난 속에서 주민들은 자신의 생명을 유지하기 위해 그들 너머의 무언가를 의지할 수밖에 없었다. 이 땅은 그야말로 믿음을 세우는faith-building 땅이었다.

요단강 계곡은 갈릴리 바다와 요단강, 그리고 사해로 이루어진 두드러진 자연 지형이기 때문에, 지도에서 찾기가 쉽다. 이 계곡의 대부분은 해수면 아래에 있어서, 덥고 여행하기 힘들다. 이 계곡의 북쪽 지역은 갈릴리 바다에서의 어업과 주변 평야에서의 농업으로 인해 이익을 보았다. 이 지역은 복음서에서 우리가 예수의 이야기를 따라가면서 우리 자신을 가장 자주 발견하는 곳이다. 비가 내렸던 남쪽에서는 지역민들이 사해 유역에서 역청과 소금을 캐냈다.

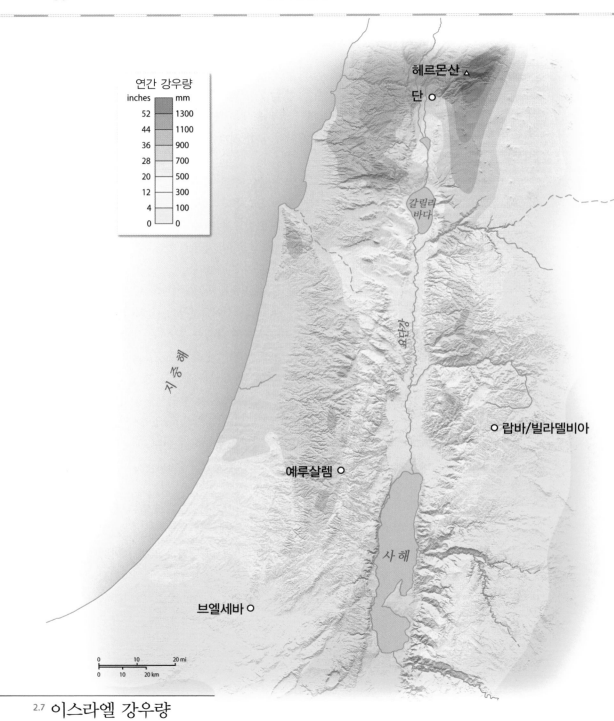

연간 강우량

inches	mm
52	1300
44	1100
36	900
28	700
20	500
12	300
4	100
0	0

헤르몬산 △

단 ○

갈릴리
바다

요단강

지 중 해

○ 랍바/빌라델비아

예루살렘 ○

사 해

브엘세바 ○

0	10	20 mi
0	10	20 km

2.7 이스라엘 강우량

그런데 이것은 이 땅의 지리적 다양성을 드러내는 시작에 불과하다. 이스라엘에는 고산 툰드라대alpine tundra와 아고산대 숲subalpine forests이 있고, 농사가 가능한 계곡들도 사방에 퍼져 있다. 강기슭의 습지riparian wetlands와 모래 해변, 그리고 담수호 freshwater lake와 으스스한 사막forbidding deserts들도 있다. 이곳은 수시로 변화하기 때문에 한 장의 사진으로는 이곳의 지리적이고 문화적인 다양성의 전체 범위를 담을 수가 없다.

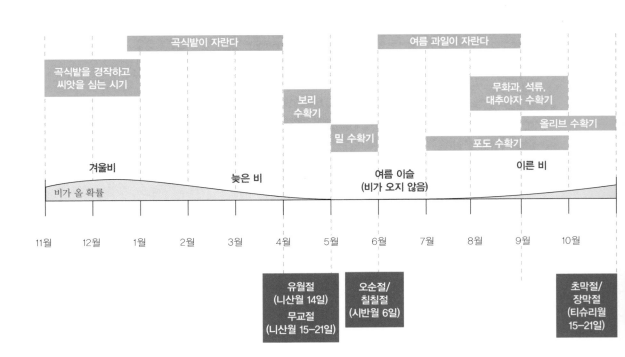

여름철 — 5월부터 9월까지		겨울철 — 10월부터 4월까지	
기후	**문화**	**기후**	**문화**
안정적인 대기	육로 여행	불안정한 대기	육로 여행 감소
화창한 하늘	지중해 해운 활동	자주 흐림	지중해 해운 활동 중단
따뜻한 온도	전쟁의 계절	서늘한 기온	평화의 계절
(예루살렘 평균 온도는 28℃)	올리브, 대추야자, 포도, 무화과의 숙성기	(예루살렘 평균 온도는 17℃)	곡식의 숙성과 수확
쾌적한 서쪽 바다 바람	사람들은 시원한 곳에 머물 방법을 찾는다.	거센 바람	사람들은 따뜻하게 지낼 방법을 찾는다
비가 오지 않음	텅 빈 저수지, 지하수면 감소	비와 가끔 내리는 눈	채워진 저수지, 지하수면 재충전
높은 습도와 이슬	꽃이 시든다		꽃이 핀다
	목초지가 마른다		목초지가 풍성해진다

곡식밭이 자란다

여름 과일이 자란다

곡식밭을 경작하고 씨앗을 심는 시기

무화과, 석류, 대추야자 수확기

보리 수확기

올리브 수확기

밀 수확기

포도 수확기

겨울비

늦은 비

여름 이슬 (비가 오지 않음)

이른 비

비가 올 확률

11월 12월 1월 2월 3월 4월 5월 6월 7월 8월 9월 10월

유월절 (니산월 14일) 무교절 (니산월 15–21일)

오순절/ 칠칠절 (시반월 6일)

초막절/ 장막절 (티슈리월 15–21일)

2.8 계절과 문화

■ 이스라엘은 건조한 땅이었다

살아감에 있어서 물보다 중요한 것은 없다. 그러나 약속의 땅은 그곳에 살던 당시 거주민들의 기본적인 필요를 충족시키는 데 매우 인색했다. 그 땅에는 하나의 담수호와 몇 개의 개울이 있었는데, 그나마도 개울들은 비가 올 때에만 다시 물이 찼다. 하지만 1년 중에 5개월 동안(늦은 5월부터 이른 10월까지)에는 강우에 기대는 생태계가 비를 볼 수 없었다. 이스라엘은 건조한 땅이었다(지도 2.7).

오늘날의 이스라엘은 기술을 사용해서 이 도전에 대응한다. 대형 펌프들이 갈릴리 바다로부터 물을 끌어와 나라 전역으로 보낸다. 현대 드릴 장비들은 바다 깊은 곳의 대수층aquifers을 두드리고, 탈염 공장들desalinization plants은 바닷물을 마실 수 있는 물로 바꾼다. 이 모든 기술이 작동하고 있지만, 이스라엘은 여전히 시민들에게 신선한 물을 공급하기 위해 씨름하고 있다. 도시에 사는 사람이 편안하게 살기 위해서는 1인당 연간 대략 1,000m³의 신선한 물이 필요하다.[1] 이러한 관점에서 다음의 통계 자료를 생각해 보라. 캐나다는 1인당 80,181m³, 미국은 1인당 8,846m³, 멕시코는 1인당 3,293m³, 그리고 유럽 연합은 1인당 2,961m³의 물을 누리고 있다. 이와는 대조적으로 현대 이스라엘과 웨스트 뱅크(요르단 강 서안 지구를 말함—역주)에 있는 재생 가능한 신선한 물 자원은 1인당 연간 280m³에 불과하다. 이 수치는 캐나다에서 사용 가능한 물의 0.3퍼센트, 미국에서 사용 가능한 물의 3퍼센트 정도. 멕시코에서 사용 가능한 물의 8퍼센트이고, 유럽 연합에서 사용 가능한 물의 9퍼센트에 그친다.[2]

우리가 성경에서 만나는 사람들은 바다 깊은 곳의 대수층이나 탈염 공장들에 접촉하지 못했다. 그들은 샘과 우물, 그리고 저수지가 제공하는 극소량the meager amount의 지표수에 의존했다. 그들의 현실은 우리와 매우 달랐다. 그들은 항상 물에 대해 생각했고, 그들에게 주어진 시간의 상당 부분을 신선한 물의 원천을 식별하고, 개발하고, 유지하고, 지키는 데 투자했다.

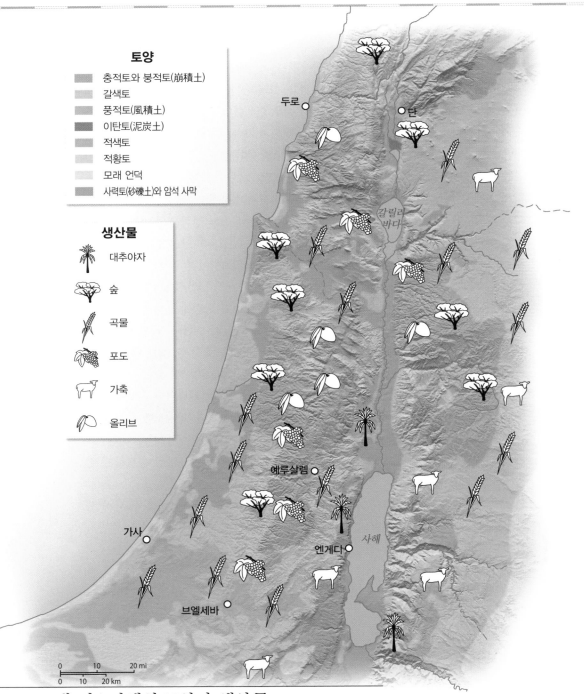

토양

- 충적토와 붕적토(崩積土)
- 갈색토
- 풍적토(風積土)
- 이탄토(泥炭土)
- 적색토
- 적황토
- 모래 언덕
- 사력토(砂礫土)와 암석 사막

생산물

- 대추야자
- 숲
- 곡물
- 포도
- 가축
- 올리브

두로

단

갈릴리
바다

예루살렘

가사

엔게디

사해

브엘세바

0   10   20 mi
0   10   20 km

2.9 **고대 이스라엘의 토양과 생산물**

■ 이스라엘은 주님께서 택하신 땅이다

온 세상을 창조하신 하나님께서는 자신이 창조하신 세상 가운데서 특정한 한 부분을 택하셔서 세상을 구원하는 데 중심 역할을 하게 하셨다. 가나안 땅이 바로 주님께서 택하신 땅이다.

창세기 12장에서 주님은 아브라함에게 장래에 나타날 그의 후손이 아담과 하와가 죄에 빠짐으로 상실해 버린 복을 회복할 것이라고 말씀하셨다(창 12:2-3). 더불어 주님께서는 이 이야기가 물리적인 무대를 갖게 될 것을 약속하셨다. 타락이 실제 시간과 장소에서 일어났던 것과 마찬가지로, 아브라함의 후손들과 구원자에 관한 이야기 역시 실제 시간과 장소, 즉 가나안에서 펼쳐지게 될 것이다(창 12:1, 6-7).

그런데 주님께서는 왜 이곳을 택하셨을까? 성경은 이 질문에 직접적으로 답하지는 않지만, 그의 택하심을 이해할 수 있도록 도와주는 구원 계획의 두 가지 차원을 보여 준다. 첫째, 주님은 자신이 택한 백성들이 자신을 신뢰하길 바라셨고, 약속의 땅은 신앙을 성장시키는 땅이었다. 그곳은 식량을 기르거나 물을 얻기가 어려운 기근이 빈번한 땅이었기에 주민들은 그곳에서 다양한 생태적 어려움에 직면해야 했다. 또한 이 땅은 지속적으로 군사적인 침입을 받는 곳이었다. 이것은 사실상 각 세대로 하여금 전쟁으로 인한 불안과 혼란을 확실히 의식하게 만들었다. 그 순간에 그들이 바라볼 수 있는 것은 자신 위에, 그리고 자신 너머에 있는 한 분일 수밖에 없었다. 그분은 우리가 요구하거나 상상할 수 있는 것보다 훨씬 더 많은 것을 행하실 수 있는 분이었다.

둘째, 주님은 자신의 이야기가 전 세계에 전파되기를 원하셨다. 이 전파 계획에는 세상이 지나다니는 하나의 무대를 택하는 것도 포함되었다. 약속의 땅은 세 개의 대륙이 만나는 교통의 중심지the transportation hub였다. 이로써 오순절 방문객들이 예루살렘을 떠나 지중해 전역에 복음 메시지를 전하는 사건이 있기 훨씬 이전에 이미 구원의 이야기는 국경을 넘을 준비가 끝나 있었던 것이다.

제 2 부

땅과 이야기의
만남

창조와 타락, 그리고 구원 계획 이야기

■ 에덴동산

창세기의 처음 장들은 우리로 하여금 에덴동산에 집중하게 한다. 이곳에서 인류의 이야기와 우리의 구원에 대한 이야기가 시작된다.

오늘날 우리는 성경에 언급되는 많은 장소를 방문할 수 있지만, 에덴동산은 그중 하나가 아니다. 우리가 가진 정보는 그곳에 가 보고 싶은 열망을 불러일으키기에는 충분하지만, 지도 위에 그 위치를 정확히 표시하기에는 터무니없이 부족하다. 창세기 2:10-14은 동산의 위치를 강과 지역의 이름과 연결시킨다. 동산은 에덴이라 불리는 지역의 동쪽에 위치해 있었다. 이름 없는 강이 에덴으로부터 흘러나와 동산을 적시고 네 갈래로 갈라져, 비손, 기혼, 티그리스(힛데겔), 유프라테스(유브라데) 강의 근원headwaters이 되었다. 비손은 하윌라 온 땅을 돌아서 흘렀고, 기혼은 구스 온 땅을 돌아서 흘렀으며, 티그리스강은 앗수르의 동쪽으로 흘렀다. 확실히 이 본문에는 아담과 하와의 정원을 방문하기 위해 필요한 지리적 자료가 충분한 것처럼 보인다.

그러나 또 다른 성경의 증거를 추가적으로 고려해 보면, 에덴일 가능성이 있는 장소는 한 곳이 아니라 두 곳이 된다. 하나는 비옥한 초승달 지역의 북쪽에 있는 지역이고, 다른 하나는 그 남쪽에 있는 지역이다(지도 3.1). 성경은 "에덴"이 오늘날 시리아 북동쪽에 있는 하란 근처에 자리한다고 말한다(왕하 19:12; 겔 27:23).[1] 티그리스강과 유프라테스강은 하란에서 얼마 떨어져 있지 않은 터키의 비옥한 초승달 지역의 북쪽에서 흘러나와 페르시아만을 향한 여정을 시작한다. 이 증거는 우리로 하여금 에덴동산을 현재의 터키 동쪽에서 찾게끔 한다.[2] 그러나 기후와 지리에 대해 언급된 내용으로부터 얻은 증거는 우리를 현대 이라크에 있는 비옥한 초승달 지역의 남동쪽 지역으로 가게 한다.[3] 결국, 우리를 아담과 하와의 첫 번째 집으로 인도해 주리라 기대했던 지리적 증거는 그곳을 찾아가기에는 턱없이 부족하다.

창세기 2장에서 에덴동산이 특징지어진 방식을 고려한다면, 우리는 에덴동산이 무엇이었는지, 그리고 어떤 모습이었는지에 대해 좀 더 확실히 알 수 있다. 첫째, 에덴 동산이 정원garden이었다는 점을 주목하라. 그런데 어떤 종류의 정원이었을까? 꽃으로 가득한 정원? 아니면, 채소 정원? 좀 더 나은 그림은 세심하게 관리된 왕실 정원 manicured royal park이다. 고대 세계에서 왕실이 소유한 땅에는 정원이 있었고, 그 정원은 지배층들의 즐거움을 위해 세심하게 설계되고 조경되었다.[4] 고대 세계의 왕실 정원처럼, 에덴동산은 여러 다양한 초목들로 가득했다(창 2:9). 식물의 다양성으로 인해 그곳은 시각적으로 매력 있는 곳이 되었고, 기분 좋은 향기로 가득했다. 게다가 그 동산에는 먹을 음식이 차고 넘쳤다. 그리고 이 동산에는 야생동물들이 있었는데, 이들은 식량의 원천으로 있는 게 아니라(후에 가서는 그렇게 된다. 창 9:3), 동산을 더욱 경이롭게 하면서 그곳에 함께 살았던 첫 인류에게는 벗이 되어 주었다(창 2:19-20).

에덴동산은 과거의 왕실 정원처럼 물이 풍부했다. 이것은 오늘까지 중동 지역을 성가시게 하는 물 부족 문제를 생각해 볼 때 아주 바람직한 요소였다. 물의 풍부함은 동산을 적시는 강에 의해 확인된다. 그 강은 정말 물이 많아서 정원을 벗어나자마자 네 개의 강으로 갈라졌다(창 2:10-14). 그리고 그 기후 역시 이상적이었다. 창세기 2장과 3장에서 기후가 직접적으로 묘사되지는 않지만, 우리는 에덴동산의 기후가 얼마나 온화한지를 나타내는 두 가지 단서를 발견하게 된다. 첫째, 무화과나무가 이곳에서 자라는데(창 3:7), 비옥한 초승달 지역의 토종 무화과나무는 아열대성 환경과 햇빛, 그리고 따뜻한 기후를 필요로 한다. 둘째, 아담과 하와의 옷차림에 주목하라. 에덴동산이 매우 온화했기 때문에 그들은 옷을 입지 않아도 쾌적했다(창 2:25).

그리고 마지막으로, 이 온화하고 아름답고 향기로운 정원은 음식과 물로 가득할 뿐 아니라 사귐socialize의 장소이기도 했다. 이것은 왕실 정원이 기능하는 방식 중 하나로, 귀족과 그의 친구들이 함께 시간을 보내는 장소였다. 에덴동산은 바로 그런 종류의 관계를 만들었다. 동물들이 아담에게 와서 성별에 따라 짝지어졌을 때, 아담의 삶에 무언가 빠진 것이 있음이 분명해졌는데, 그것은 주변 동물들이 완전히 충족시켜 줄 수 없는 종류의 관계였다. 그래서 주님께서는 하와를 창조하셔서 아담에게 친구이자 결혼 상대로 보내 주셨다. 아담은 하와와 함께 이 멋진 곳에서 행복한 시간을 누리게 될 것이다(창 2:23-24).

이러한 특징들을 고려하면서, 우리는 아담과 하와가 살았던 하루의 삶을 창조적으로 재구성할 수 있다. 그들은 낙원에서의 아름다운 날 아침에 눈을 떴다. 그날은 기쁨과 만족으로 가득했다. 음식이든 물이든 아름다운 자연이든, 혹은 깊은 교제든 간에 꼭 필요한 것들 중 무엇 하나라도 빠져 있으리라는 염려 따위는 필요하지 않았다.

여유롭게 아침 식사를 한 후에, 아담과 하와는 일을 하러 갔다. 창조주께서 그들에게 명하신 삶의 목적과 방향은 분명했다. 그들은 땅을 일구고, 그들이 살아가는 공간을 풍요롭게 경영했다(창 2:15). 동산에서 일하는 것이 어땠는지 상상하기란 어렵지 않다. 왜냐하면 너무나 당연하게도 아담과 하와가 포식 동물들에게 위협을 받거나 잡초들 때문에 짜증이 날 일이 없었기 때문이다. 하루가 끝날 무렵 그들은 성취의 만족을 느꼈다.

저녁에도 그들의 관계에는 어떠한 불화의 기미도 보이지 않았다. 오후의 말다툼으로 인한 어색한 침묵의 저녁 식사 따위는 그들의 이야기가 아니었다. 모든 요소들은 아담과 하와가 가정을 이루게 되리라는 것을 가리켰다. 물론 출산의 고통 같은 것도 걱정할 필요는 없었다. 아이들은 장난감을 두고 싸우지 않았을 것이고, 누구 차례인지를 놓고 다투지도 않았을 것이다. 무엇보다도 가장 중요한 것은 하루를 마치면서 어떤 수치심이나 후회가 없었다는 것이다. 이것은 아담과 하와가 삶에 대한 주님의 비전을 공유했고, 그분이 원하시는 것을 그들도 정확히 원했기 때문이다. 이것은 또한 아담과 하와가 선악을 알게 하는 나무와 관련해서 매일 행한 실제적인 선택에서도 분명하게 드러난다(창 2:16-17). 그들은 나쁜 욕망들과 씨름하지 않았는데, 그 이유는 세상에 아직 죄가 없었기 때문이다. 종말에 가서 우리도 어쩌면 "완벽한 하루"를 이야기할 수 있을지 모르지만 아담과 하와에게는 모든 날이 완벽했다. 이는 하나님께서 그들을 위해 그들이 원하고 필요로 하는, 그 어떤 것도 부족함이 없는 장소를 창조하셨기 때문이다(창 2:8-9).

왜 주님께서는 성경의 이야기를 우리가 아는 존재나 우리가 아는 삶의 공간과는 전혀 다른 것에서부터 시작하실까? 첫째, 이것은 왜 우리가 다른 것들을 질적으로 넘어서는 삶의 순간들을 가지는지를 설명해 준다. 이것은 우리가 산등성이를 올라가 눈앞에 천천히 펼쳐지는 전경을 마주할 때 느끼게 되는 경이로운 감정을 설명해 준다. 이것은 우리가 해변에 앉아서 찬란한 빛깔을 발산하며 떨어지는 해를 바라볼 때 우리를 뒤덮는 평화의 감정, 우리가 정원에서 일하거나 반려동물을 껴안으면서 느끼는 흡족함, 그리고 한때는 자녀들이 가지고 놀던 장난감을 손주들이 바닥에 앉아 가지고 노는 것을 보면서 느끼는 만족감 같은 것들을 설명해 준다. 우리는 "아! 여기가 천국이야"라고 말한다. 일상의 현실은 아니지만, 이러한 순간들에 우리는 완벽한 장소를 알 수 있는 가능성을 떠올린다. 아주 잠깐 동안 우리는 성경이 시작되는 장소, 우리를 위해서 전능자께서 만드신 첫 장소로 되돌아가게 되는 것이다. 우리는 신앙의 위대한 영웅들처럼 "더 나은 본향—하늘에 있는 것"(히 11:16)을 갈망한다. 그런 장소가 우리의 조상들을 위해서 존재했었다는 지식은, 우리의 시야에서 교묘하게 빠져나가는 그 완벽한 장소로 되돌아가고 싶은 욕망을 자극한다. 설령 우리가 생애 최고의 순간을 보내고 있을 때에라도 말이다.

　　왜 성경의 이야기가 에덴동산에서 시작되는지에 대한 또 다른 이유가 있다. 성경의 가장 중요한 줄거리는 낙원으로의 복귀에 대한 것이다. 우리 모두는 첫 하늘과 땅에서 다음 하늘과 땅으로, 첫 낙원에서 미래에 도래할 낙원으로 이동하는 과정에 있다. 우리는 본질적으로 성경이 "새 하늘과 새 땅"(벧후 3:13; 계 21:1), "새 예루살렘"(계 3:12; 21:2), 생명나무가 자라는 회복된 동산(계 22:1-5)으로 정의하는 장소를 향해 나아가고 있다. 우리는 그곳으로 나아가고 있지만, 우리 스스로 그곳에 이를 수는 없다. 하나님만이 가능하게 하시고, 성경은 그분께서 어떻게 그 일을 행하셨는지를 이야기해 준다. 그 일은 에덴동산 이야기에서 시작된다. 왜냐하면 에덴동산이 그 일이 끝나게 될 장소이기 때문이다. 두 지점 사이에서 우리는 주님께서 우리가 에덴으로 돌아갈 수 있게 하시려고 얼마나 멀리까지 나아가실 의지가 있는지를 보여 주는 다양한 장소들을 지나게 된다. 그래서 우리가 에덴동산에서 이 이야기를 시작하는 것이 중요하다. 우리는 하나님의 은혜로 우리가 끝나게 될 바로 그 자리에서 시작한다. 그 완벽한 곳에서 우리는 쉬게 될 것이다.

■ 동산 밖에 있는 에덴을 찾아서

우리가 창세기 2장에서 느끼게 되는 지리적 안정은 이어지는 아홉 개의 장들에서 우리가 보게 되는 지리적 불안정으로 신속하게 대체된다. 아담과 하와가 타락한 이후에 성경의 이야기는 우리를 재촉해서 한 지역에서 다음 지역으로 나아가게 한다. 그 땅들은 인류가 에덴에서 누린 즐거웠던 삶의 한 가닥이라도 간직하려고 필사적으로 찾아 헤맨 장소들이다. 그러나 이 정신없이 진행되는 여행은 아무런 소득도 없이 실망만을 낳았다. 동산 밖의 들판, 폐허가 된 세상 위에 떠 있는 방주, 그리고 시날 Shinar 평지 위에 세워진 도시는 모두 각 페이지를 넘길 때마다 점점 더 암울해지고 더 위협적이게 되는 이야기를 위한 배경이 되었다(지도 3.1). 에덴 밖의 장소들을 정신없이 헤매였던 이 여행의 끝에서 우리는 피할 수 없는 세 가지 결론에 이르게 된다. 첫째, 우리가 알고 있던 에덴에서의 삶과 같은 것은 사라졌고, 둘째, 하늘 아래에 그와 같은 곳은 달리 없으며, 셋째, 인간들은 에덴에 대한 적절한 대체물을 만들어 낼 수

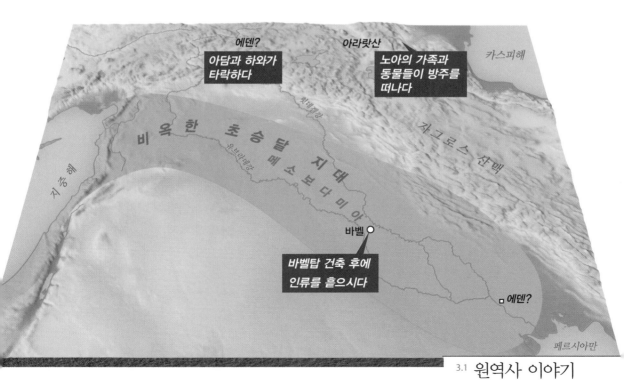

3.1 원역사 이야기

없다는 것이다.

창세기 2장을 닫으면서 우리는 에덴동산을 떠날 필요가 없다고 느낀다. 하지만 창세기 3장이 끝날 때쯤에 우리는 그곳으로 되돌아갈 수가 없게 되었다. 무슨 일이 벌어진 것인가? 아담과 하와는 더 이상 하나님을 따라 생각하지 않고, 하나님께서 금지하신 일을 행하기로 했다. 그 열매가 있는 나무 곁에서의 한순간이 모든 것을 바꾸어 놓았다. 아담과 하와는 창조주가 두려워 그분을 피해 숨어 버렸다(창 3:8, 10). 그러나 그것은 시작에 불과했다. 주님께서는 창세기 3:16-19에서 그들의 선택으로 인한 결과들을 제시하셨다. 자녀를 낳는 것이 이제 고통을 동반하게 될 것이다. 동산의 잡초로 인해 일을 해도 언제나 만족하지 못하게 될 것이다. 그리고 모든 생명은 죽음으로 끝날 것이다.

타락은 또한 이 이야기의 지리적 배경에 즉각적인 변화를 일으켰다. 주님께서 아담과 하와의 기쁨을 위해서 창조하신 에덴동산은 더 이상 그들의 집이 아니다. 주님께서는 아담과 하와에게 정원을 떠나라고 요청하지 않으셨다. 동산 밖으로 나가도록 부드럽게 인도하지도 않으셨다. 주님께서는 그들을 '내쫓으셨다'(창 3:23). 그리고 그 추방이 결코 번복될 수 없음을 분명히 하시기 위해 하나님께서는 "그룹들을 세우시고, 빙빙 도는 불칼을 두셔서" 다시 들어올 수 있는 길을 지키게 하셨다(창 3:24). 그렇게 하신 목적은 죄인들이 들어오지 못하게 하는 것이었다. 인류의 이야기는 계속되겠지만, 그 이야기는 더 이상 이 동산의 아름다움을 향유하던 사람들의 것은 아닐 것이다. 동산 밖으로 멀리 걸어 나가는 아담과 하와의 여정에 함께하는 우리는 한때 집이었던 그곳을 어깨너머로 바라보며 그들과 동일한 질문을 하게 될 것이다. 우리는 이제 어디로 갈 것인가?

얼마 멀지 않은 곳으로 보인다. 나는 아담과 하와가 그들이 알고 있던 낙원으로 돌아갈 수 있을 거라는 희망을 품고 있었다고 생각한다. 그 희망은 근처의 한 들판, 즉 죄가 이 가족을 고요하고 평화로운 에덴으로부터 얼마나 먼 곳까지 데리고 갔는지를 단적으로 보여 주는 장소에 이르자 금방 사라지게 되었다. 아담과 하와의 자녀인 가인은 그의 동생 아벨을 이 들판으로 꾀어내었다. 그는 아벨의 제사만을 받으신 주님께서 자신을 무시한다고 느꼈다. 가인의 반응에서 우리는 죄의 힘이 점점 커지는 것을 보게 된다. 처음에는 질투가 있었다. 다음에는 분노가 일어났고, 이후에는 공격성이 생겼다. 어느 때인가 가인은 아벨을 들판에 혼자 있게 했고, 그를 쳐 죽였다(창 4:5-8).

주님께서 가인과 마주하셨을 때, 범죄가 일어난 들판을 의인화하시면서 지리적인 결과들을 강조하셨다. "이제 네가 땅에서 저주를 받을 것이다. 땅이 그 입을 벌려서, 너의 아우의 피를 너의 손에서 받아 마셨다"(창 4:11, 새번역). 아담과 하와가 동산에서 쫓겨났던 것처럼, 가인도 동산에서 더 멀리 내쫓겨 "에덴 동쪽 놋 땅"으로 추방당했다 (창 4:16).

놋이라는 이름은 '방랑'을 의미한다. 그리고 그것이 바로 성경이 이야기하려는 것이다. 인류가 주님의 이상에서 벗어났기 때문에, 에덴동산으로부터 멀리 떨어져 나와 헤매는 신세가 된 것이다. 우리가 있던 곳에서 뿌리가 뽑히고 성경의 이야기가 나아가는 방향에 대해 큰 불안함을 느끼면서, 우리는 다음과 같이 묻는다. *우리는 지금 어디로 가고 있는가?*

이제 우리의 관심을 다음 장소로 옮겨 보자. 우리는 더 이상 땅 위에 있지 않고 성경이 묘사하는 첫 번째 배—나무로 된 방주—에 올라 땅 위를 떠다니고 있을 것이다. 창세기 6:14–9:18에서 26회나 언급된 이 떠다니는 바지선barge이 이야기의 배경이다. 이 거대한 배는 추진할 수 있는 방법도 없고, 조종 장치도 없다. 이 방주의 디자인은 우리가 갈 수 있는 장소가 어디에도 없음을 상기시켜 준다. 우리도 알고 있듯이 세상은 물속에 있었다.

도대체 무슨 일이 벌어진 것인가? 주님의 창조의 손길이 지나간 세상은 "보시기에 심히 좋았더라"(창 1:31)고 선언되었다. 그러나 방주 아래에 홍수로 짓밟히고 파괴된 세상은 더 이상 그런 곳이 아니다. 창세기 4장의 마지막 부분은 당시 사회가 도시화, 가축 사육, 음악, 금속 가공의 분야에서 어느 정도 문화적인 발전을 이루었음을 보여준다(4:17–22). 하지만 주님께서 바라보시는 시각에서 더 큰 세상을 내려다볼 때, 이 모습이 그렇게 고무적이지만은 않다. "주님께서는, 사람의 죄악이 세상에 가득 차고, 마음에 생각하는 모든 계획이 언제나 악한 것뿐임을 보시고서, 땅 위에 사람 지으셨음을 후회하시며 마음 아파하셨다"(창 6:5–6, 새번역). 가인의 행동은 이 타락한 세상과 상관없이 나온 것이 아니라 인류의 사고방식과 행동의 새로운 흐름 위에 있는 것이었다.

이로 인해 이야기의 배경이 바뀐다. 아담과 하와는 에덴동산에서 추방되었고, 가인도 동산 근처의 지역에서 추방되었다. 이러한 신적 추방divine banishment의 흐름은 점차 확대된다. 인류는 이제 엄청나게 파괴적인 홍수에 의해 땅의 표면으로부터 유배를 가게 된다. 대격변이었던cataclysmic 홍수는 창조의 언어를 뒤집는다.[5] 그래서 377일 동안 우리는 완벽한 세상이었던 곳 위를 떠다니면서 그곳과 물리적인 접촉을 할 수 없게 된다. 우리는 방주 안에 갇혀 있다.

한편으로, 방주는 노아의 가족들과 승선한 동물들을 살려 주는 구명보트rescue raft와 같은 신적 자비의 상징이다. 그러나 그 새로운 공간은 한 가지 중요한 문제를 부각시킨다. 탑승한 자들은 땅 없이 살 수 없는데, 세상엔 살 땅이 없다는 것이다. 몇 주가 지나고 방주에 실은 식량이 줄어들면서, 우리는 굳은 땅으로 돌아가야 할 절실한 필요를 느끼게 된다.

일은 천천히 진행된다. 우리는 먼저 산꼭대기가 드러나는 것을 보게 되고, 다음으로 비둘기가 갓 딴 올리브 나뭇잎을 물고 되돌아오는 것을 본다. 마른 땅이 회복되었다. 그러나 이제 이야기는 어디로 흘러갈까? 홍수 이후의 세계에서 이 이야기는 어떻게 될까?

물은 맑아졌지만, 강력한 홍수라도 세상의 죄를 씻어 버릴 힘을 가지고 있지는 않았다. 이러한 사실은 노아와 그의 가족이 방주에서 나온 후 노아가 일군 포도원에서부터 명백하게 드러난다(창 9:18-29). 비록 이 포도원이 우리에게 에덴동산을 떠올리게 하는 부분이 있지만, 노아는 이곳에서 취하고 만다. 그리고 그의 술 취한 행동과 그의 아들 함의 수치스러운 행동은, 우리가 에덴동산에서 경험했던 완벽한 삶에 근접할 수 있는 곳이 어디에도 없다는 것을 확고히 한다.

이러한 문제는 또 다른 한 곳에서 더욱 명확해진다. 인류는 방주를 떠난 이후에 방주가 자리 잡은 곳으로부터 동쪽으로 이동하는데, 이 동쪽이라는 방향은 창세기의 독자들에게 언제나 줄거리의 골치 아픈 전환을 의미한다.[6] 그리고 이 문제는 우리의 관심이 (고대 바벨론이 자리했던) 시날 평지에 도달했을 때 구체화된다(창 11:1).

여기에서는 독특한 건설 프로젝트가 진행되고 있다. 그 프로젝트의 개발자들은 가장 내구성이 강한 건축 자재를 제조하고 확보하는 데 대단히 신경을 썼다. 그들이 계획하고 있는 구조물은 거대한 탑으로, 그 꼭대기를 "하늘에 닿게" 하려 했다(창 11:4).

그러나 이 토목 공사 계획은 이중의 목적을 가지고 있었고, 바로 거기에서 우리는 문제를 보게 된다. 건설자들은 모든 것을 지으신 분보다 오히려 자신들의 능력을 영화롭게 하려는 의도로 건물을 지었다. 그리고 이 건설 프로젝트의 바로 이러한 특징 때문에 거대한 노동력이 필요했고, 사람들은 한 곳에 모여들었다(창 11:4). 이것은 인류가 흩어져서 홍수 이후의 세계를 가득 채우라는 주님의 뜻과는 정면으로 배치되었다(창 9:1).

주님께서는 그 어느 것도 받아들이지 않으셨다. 그분께서는 이 반역자들의 언어를 혼란케 하셨고, "사람들을 온 땅에 흩으셨다"(창 11:9, 새번역). 건설자들은 아담과 하와가 잃어버렸던 것을 대체할 공간을 만들기 위해 인간만의 독창적인 아이디어를 사용하려고 했다. 그러나 시날 평지의 바벨탑 이야기는 인간의 노력으로 죄와 에덴으로부터의 추방의 문제를 해결할 수 없음을 보여 준다.

창세기 3-11장을 지리에 초점을 맞춰 살펴보면, 우리는 세 곳의 장소에 머물게 된다. 그리고 우리가 그렇게 할 때, 세 가지가 두드러지게 나타난다. 첫째, 이 이야기들에서 지리적 초점이 한 장소에서 다른 장소로 빠르게 이동하는 바람에 우리는 성경의 이 부분을 읽으면서 불안정한 느낌을 갖게 된다. 우리의 초점은 빠르게 에덴동산에서 동산 밖의 들판으로, 그리고 방주와 시날 평지로 이동한다. 그리고 이렇게 빠른 초점 전환은 우리가 성경 이야기의 이 부분을 읽으면서 느끼는 긴장감을 증대시킨다.

둘째, 장소를 옮기면서 이야기의 상황이 점점 더 나빠진다. 추방당한 동산, 살인 사건이 벌어지는 들판, 그리고 시날 평지에 이르기까지 우리를 불안하게 만드는 이야기들로 인해 잠시도 머물고 싶지 않은 곳들이다. 우리가 잠시나마 평화를 만나는 방주에서조차 우리는 물리적인 세상을 파괴하는 맹렬한 물 위를 떠다니고 있음을 알고 있다. 인류가 생존하기 위해 필요한 바로 그 세상이 사라지고 있는 것이다.

셋째, 우리가 이 장들에서 방문하는 모든 장소들은 인간에게는 에덴동산만큼 좋은 공간을 창조할 능력이 없음을 상기시켜 준다. 이 여행은 어렵지만 꼭 필요하다. 우리는 에덴동산을 떠날 때 비로소 그 동산의 본질을 간직하고 있는 장소를 동산 바깥에서는 찾을 수 없음을 알게 된다. 우리는 인간이 이 이상적인 세계를 재창조하려고 노력하는 것을 지켜보지만, 결국 그들이 실패하는 것을 볼 뿐이다. 시날 평지를 떠날 즈음, 우리는 이제 알게 된다. 만약 이상적인 생활 공간으로 되돌아가는 일이 벌어진다면, 그것은 인간의 노력으로 이루어지는 것이 아닐 것이라는 사실을.

이것이 바로 핵심이다. 주님께서는 최초의 낙원을 창조하셨다. 오직 주님만이 낙원으로 되돌아가는 길을 건설하실 수 있다. 우리는 더 이상 에덴에 있지 않다. 그리고 우리는 주님께서 어떻게 우리를 다시 되돌리실지를 궁금해하며 창세기 11장을 떠난다.

■ 가나안, 약속의 땅

창세기 첫 부분의 긴박한 이동은 저자가 약속의 땅 가나안에 우리의 초점을 가져갈 때에 마침내 끝이 난다. 다시 한번 에덴동산 때와 같이 우리는 주님께서 직접 택하신 곳으로 들어가게 되고, 그것은 이야기의 궤적을 바꾸어 놓는다. 가나안은 하나님께서 개입하셔서 우리가 낙원으로 돌아갈 수 있게 하시는 무대가 된다. 창세기 12-46장에서 우리는 이 땅을 만나게 되고, 아브라함과 사라의 가족이 이 신성한 공간과 중요한 관계를 맺는 것을 지켜보게 된다.

성경은 창세기 10장과 11장에 있던 우리의 지리적 초점을 이동시키기 시작한다.[7] 아브람이 움직인다. 그와 사래는 "가나안 땅으로 가고자" 갈대아 우르[8]에서 출발하는 확대 가족의 일부였지만, 그들은 중도에서 하란에 이르러 거기 정착했다(창 11:31-32). 가족의 중요성과 하란의 적합성을 고려해 볼 때, 이 장소는 주님께서 아브람에게 그 땅과 가족을 떠나도록 지시하실 때까지 그들을 그곳에 붙들어 매는 강력한 자석과 같았다. "너는 너의 고향과 친척과 아버지의 집을 떠나 내가 네게 보여 줄

3.2 아브람, 우르, 세겜, 애굽

땅으로 가라"(창 12:1). 아브람은 가나안의 중심인 세
겜에 이르기까지 멈추지 않았고, 주님께서는 그곳
에서 "내가 이 땅을 네 자손에게 주리라"(창 12:7)
고 다시 말씀하셨다. 이 가족의 이주는 성경의
지리적 초점이 새로운 국면으로 접어드는 표
지가 된다. "믿음으로 아브라함은, 그가 나중
에 상속으로 받게 될 땅으로 가라고 부름받
았을 때, 어디로 가는지 알지 못했지만 순
종하고 나아갔습니다. 믿음으로 그는 약
속의 땅에 거주하였습니다"(히 11:8-9,
NIV 성경에 대한 역자의 번역).

하란은 어땠을까? 물리적으로 그
곳은 아브람이 왔던 곳과는 완전히
다른 곳이었다. 하란은 유프라테스
강의 지류 옆 비옥한 평야에 위치
해 있었다. 이 땅은 풍부한 강우량
과 양식을 재배하고 가축을 기르
는 데 완벽한 강변 환경riverside
setting을 누렸다. 이 지역은 국
제적인 교통로 위에 세워져
있었고, 상업 중심지로
번창할 수 있는 좋은
위치에 있었다.

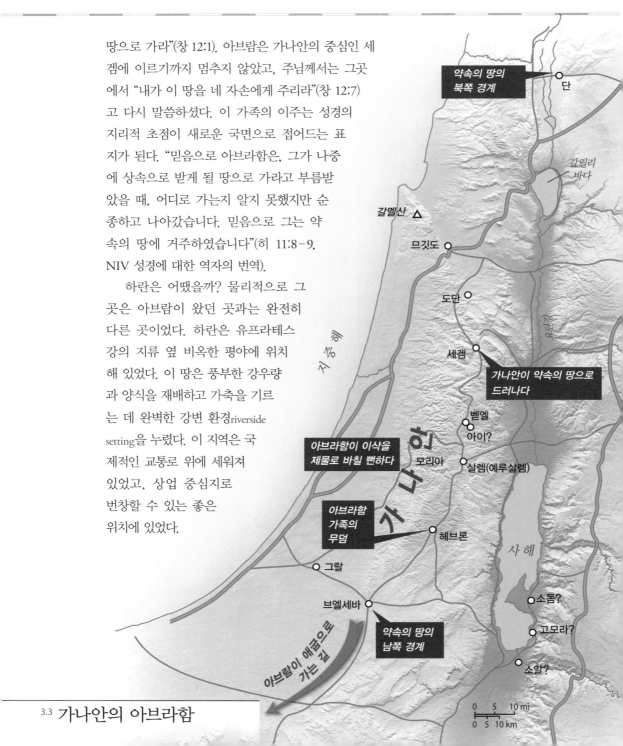

약속의 땅의
북쪽 경계

단

갈릴리
바다

갈멜산 △

므깃도

도단

세겜

가나안이 약속의 땅으로
드러나다

벧엘

아이?

아브라함이 이삭을
제물로 바칠 뻔하다

모리아

살렘(예루살렘)

아브라함
가족의
무덤

헤브론

사 해

그랄

브엘세바

소돔?

약속의 땅의
남쪽 경계

고모라?

아브람이 애굽으로
가는 길

소알?

0   5   10 mi
0 5 10 km

3.3 **가나안의 아브라함**

주님께서는 아브람과 그의 가족을 부르셔서 정반대의 장소로 이동하게 하셨다. 가나안 내륙의 산지에는 농작물과 가축에게 물을 공급할 수 있는 호수나 강이 없었다. 따라서 비에 의존할 수밖에 없었지만, 비가 오는 시기는 불안정했고 그나마도 특정 시기에만 내렸다. 농지는 산비탈에 만들어야 했고 안정적으로 꾸준히 물을 얻기 위해 우물과 저수지를 파야 했다. 이곳에서의 삶은 하란에서의 삶보다 더 어려웠고 세상으로부터 더 고립되었다. 농사를 방해하고 물이 스며들지 않는 가파른 산비탈은 국제 무역에 걸림돌이 되기도 했다. 어딘가 더 나은 장소로 이동하기 위해서가 아니라면, 하란 같은 장소를 떠날 이유는 없었다. 가나안은 그런 장소가 아니었다.

그럼에도 불구하고 주님께서는 부르셨고, 아브람은 따라갔다. 그 지역 주요 도심지는 일찍이 붕괴되었다가 다시 회복되는 중이었고, 그 과정에서 가나안으로 이주해 들어가는 사람들 무리에 아브람도 끼어 있었다.[9] 아브람이 도착했을 때, 그때까지도 사람들이 드문드문 자리를 잡는 중이었기 때문에 아브람과 그의 가족들도 그 땅에서 가축을 위한 목초지를 찾을 때 자유롭게 이동할 수 있었다.[10] 새로 들어온 사람들 중 일부는 도시를 세웠지만, 그들 역시 그 땅에서 상대적으로 짧은 역사를 가지고 있었기 때문에, 그들은 싸움을 걸기보다 아브람의 가족들과 같은 반半유목적 목축업자들 seminomadic pastoralists과 원만한 관계를 유지함으로써 물에 대한 권리나 목초지 접근권을 협상하려고 했다.

가나안으로의 이러한 이동은 아브람과 사래의 삶에 큰 변화를 일으켰다. 그리고 이러한 변화는 우리의 성경을 읽는 경험에 중요한 변화를 주기도 한다. 이전 장들에서 급속하게 이동하는 지리는 우리가 어디를 바라봐야 하는지 불확실하게 만들었다. 이제 창세기는 가나안에 레이저처럼 정밀하게 초점을 맞출 것을 요구한다. 여기에서 주님께서는 구속 계획에 대한 그분의 오랜 침묵을 깨뜨리시고 그 계획을 약속의 땅에 단단히 고정시키신다. 창세기 12장에서 주님께서는 아브람과 사래에게 오셔서 약속들을 주신다. "내가 너로 큰 민족을 이루고 네게 복을 주어 네 이름을 창대하게 하리니 너는 복이 될지라. 너를 축복하는 자에게는 내가 복을 내리고 너를 저주하는 자에게는 내가 저주하리니 땅의 모든 족속이 너로 말미암아 복을 얻을 것이라"(창 12:2-3).

아브람이 세겜에 도착한 뒤에, 주님께서는 "내가 이 땅을 네 자손에게 주리라"(창 12:7)라고 덧붙이셨다. 아브람의 가족은 이제 매우 강력하고 서로 밀접한 관련이 있는 세 가지 약속들을 소유하게 되었다. 주님께서는 아브람과 사래에게 그들이 큰 민족으로 자라나게 될 한 가문을 갖게 될 것이라고 약속해 주셨다. 주님께서는 그 나라에 그들만의 땅을 약속하셨다. 그 가문으로부터, 그 땅에서, 주님께서는 에덴동산에서 잃어버린 축복을 회복시킬 것이라고 약속하셨다. 사도 바울은 이 축복에 관한 세 번째 약속을 다름 아닌 복음, 즉 예수님 안에서 발견되는 용서의 소식으로 이해했다(갈 3:8).[11]

여기에서부터 성경 안에서 땅과 소망이 서로 뒤엉킨다. 이를 확실히 하기 위해, 창세기의 저자는 창세기에 기록된 열다섯 번의 신현神現, theophany 본문 가운데 열한 곳에서 반복적으로 이 개념을 환기시킨다.[12] 이 열한 곳의 본문들에서 주님은 아브라함 가정의 구성원들에게 나타나서 가족과 땅에 기반을 둔 구원 계획의 특징을 환기시키신다(창 12:1-3, 6-7; 13:14-17; 15:17-19; 17:8; 22:15-18; 26:1-5; 28:13-15; 31:3; 35:9-13; 46:1-4).

이 개념은 성경 이야기에서 매우 중요하다. 왜냐하면 땅은 살아가는 장소 이상을 의미했기 때문이다. 땅은 희망을 품은 장소이다. 아브라함의 가정이 자신들의 집을 짓고, 가축을 키우고, 천막을 치고, 우물을 팠던 그 땅은 신학적으로 특별한 중요성을 가지고 있었다. 약속의 땅은 죄의식에 사로잡힌 모든 사람들에게 하나님께서 그들 죄의 빚을 탕감해 주셨다는 것을 보증했다. 신약의 신자들이 죄에 압도되었을 때, 그들은 감각적tangible 실체를 의지했다. 바로 예수님의 십자가와 빈 무덤 같은 것들이다. 같은 방식으로 죄에 휩싸인 구약의 신자들도 에덴동산의 저주가 용서의 축복으로 대체되었음을 보고 느끼도록 그들이 사는 땅에 기댈 수 있었다. 이 지점부터 약속의 땅은 단순히 구원 계획을 위한 무대가 아닌, 그 계획의 상징이 되었다.

우리는 창세기를 읽으면서, 이 안도와 희망의 땅이 긴장의 원천이기도 하다는 사실을 직면하게 된다. 아브람의 가족에게 약속된 이 땅에는 다른 사람들이 살고 있었다. 아브라함(이전에는 아브람)이 사라(이전에는 사래)를 묻어 줄 땅이 없었을 때, 땅 없이 떠돌아다니는 생활 방식은 난국에 봉착하게 되었다.

아브라함은 슬픔 가운데 우리가 느끼고 있는 이러한 긴장을, "나는 여러분 가운데서 나그네로, 떠돌이로 살고 있습니다"(창 23:4, 새번역)라고 분명히 언급한다. 그리고 히브리서 저자는 "믿음으로 그가 이방의 땅에 있는 것같이 약속의 땅에 거류하였다"

고 덧붙인다(히 11:9). 우리가 창세기에서 이 가족의 이야기를 읽을 때 땅에 대한 약속과 일상생활의 현실 사이에서 긴장감을 느낀다. 이러한 긴장은 의도적이다. 우리는 여호수아가 거의 700년 후에 이스라엘을 데리고 요단강을 건너기 전까지 이 감정을 느끼게 될 것이다.

그러나 이 긴장이 끊임없이 지속되는 것만은 아니다. 우리는 이 반⼁유목적 목축업에 종사하는 가정이 약속의 땅과 관계를 맺는 방식을 관찰하면서 약간의 안도감을 느끼게 될 것이다. 그것이 가장 분명하게 나타나는 곳은 다른 사람들로부터 땅을 구입한 두 번의 경우이다. 사라가 죽었을 때, 아브라함은 헤브론에 살고 있는 헷 족속 소유의 밭—그와 더불어 주변에 있는 나무들과 막벨라 동굴을 포함한 밭—을 매입하려고 그들과 협상했고, 이 거래는 계약 문서와 증인들에 의해서 확정되었다(창 23:1-20). 수십 년 후, 아브라함의 손자 야곱도 세겜성 근처에 있는 한 구획의 땅을 구입했다(창 33:19).

3.4 가나안의 이삭과 야곱

   그러나 당시에 부동산을 매입하는 것은 일반적인 일이 아니라 이례적인 일이었다.
그렇다면 아브라함의 가정은 어떻게 다른 방식으로 약속의 땅과 관계를 맺었을까? 우
리는 창세기의 지면을 가득 채운 가족 무덤과 기념 제단memorial altars, 그리고 우물에
대한 이야기들에서 이 일이 일어나는 것을 본다. 이는 특별히 아브라함 가족이 가축
들을 이끌고 여름 목초지와 겨울 목초지 사이를 오가던 중앙 산등성이 길을 따라 이
같은 거점을 세우고자 하던 경우에 해당한다(지도 3.4).

   첫째, 무덤이 있었다. 에덴에서 주어진 죽음의 저주는 약속의 땅에서도 낯선 것이
아니었다. 그래서 아브라함의 가문은 죽은 자들을 묻을 곳이 필요했다. 그와 관련한
첫 번째 이야기는 사라의 죽음과 관련된다. 아브라함은 막벨라 동굴과 더불어 헤브
론 땅을 구입했다(창 23:1-20; 25:9; 49:29-32; 50:13). 이 땅은 자신과 사라, 이삭과
리브가, 그리고 야곱과 레아의 안식처가 되었다. 야곱은 그의 아내 라헬을 베냐민 경
계에 있는 베들레헴 길에 묻어 주었다(창 35:19-20; 삼상 10:2). 수 세기가 지나고, 이
스라엘 백성들은 요셉의 뼈를 야곱이 산 땅인 세겜에 묻었다(창 50:24-25; 수 24:32).

3.5 **애굽으로 끌려간 요셉**

아브라함 가족의 삶에서 이러한 슬픈 순간들은 모두 소망으로 쉼표를 찍는다. 왜냐하면 그들의 매장지가 가족을 약속의 땅과 연결시켰기 때문이다.

또한 아브라함 가족은 주님께서 자신들과 구원 계획에 관련해서 약속하시거나 단언하신 순간들을 기리기 위해 기념 제단을 세움으로써 자신들을 그 땅과 연결시켰다. 아브라함은 세겜과 헤브론과 모리아 지방에 제단을 세웠고(창 12:6-7; 13:18; 22:9), 이삭은 브엘세바에 제단을 세웠다(창 26:25). 야곱은 벧엘과 세겜에 제단을 세웠다(창 28:18; 33:20; 35:1). 가나안의 중앙 산등성이 길the central Ridge Route, 족장의 길을 따라 이 예배 처소들이 세워졌기 때문에 그들은 지속적으로 그곳에 방문해서 예배할 수 있었다. 수십 년 동안, 아브라함 가정은 그들이 이미 가지고 있는 것보다 더 분명한 안전을 확보할 수 있을 것처럼 보이는 새로운 도시들을 지나쳤지만, 이러한 기념물들 이야말로 아브라함 가정이 주님의 약속과 그 약속의 땅에 뿌리내릴 수 있도록 도와주었다.

그리고 마지막으로 이 특별한 가정은 우물을 팜으로써 자신들을 그 땅과 연결시켰다.[13] 아브라함 가정이 가나안의 중심부를 지나는 그들의 이주 경로를 따라 가축들을 몰고 갈 때 적어도 매일 두 번씩은 물을 필요로 했다. 그 길에는 자연적인 호수나 상수하천perennial stream이 없었다. 대부분의 자연 샘들은 다른 사람들의 소유였을 것이다. 그래서 아브라함 가족은 우물을 파고 그것을 지켜야만 했다(창 21:25-30; 26:15, 18-22, 25, 32). 이러한 수원을 파고 유지하기 위해서는 일정한 정도의 노동력이 필요했기 때문에, 그러한 우물은 그것을 파낸 사람들의 재산으로 간주하는 것이 고대의 관습이었다. 나아가 이 우물들은 약속의 땅과 그 땅을 약속받은 이 가정 사이에 또 다른 연결 고리가 되었다.

창세기의 지리적 여행은 에덴동산에서 시작되어, 동산을 넘어 낙원으로 되돌아가는 길을 찾아 이동하고, 마침내 가나안에 정착한다. 창세기 12장은 그 전환점transition point을 나타낸다. 이 순간부터 구원 이야기는 아브라함 가정의 운명 및 가나안 땅과 밀접하게 얽혀 있다. 이 점에 있어서, 약속의 땅은 구원 이야기 안에서 하나의 등장인물a character이 되고, 이 이야기의 운명fortunes은 우리가 신적 구원 계획의 성쇠ups and downs를 추적하는 데 도움을 준다.

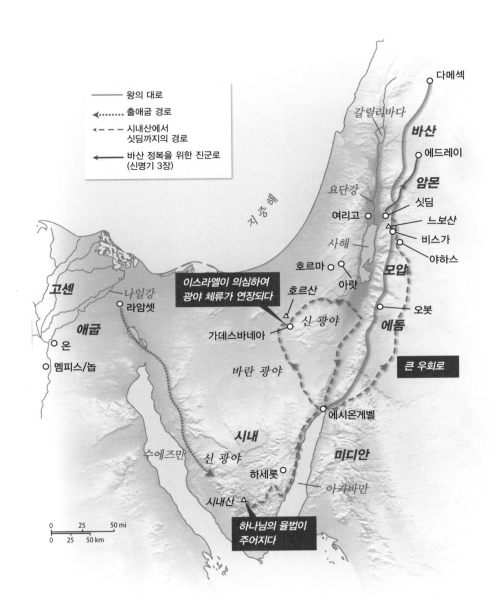

왕의 대로
출애굽 경로
시내산에서 싯딤까지의 경로
바산 정복을 위한 진군로 (신명기 3장)

다메섹
갈릴리바다
바산
에드레이
암몬
요단강
싯딤
여리고
느보산
사해
비스가
야하스
호르마
아랏
모압
이스라엘이 의심하여 광야 체류가 연장되다
고센
나일강
라암셋
호르산
애굽
신 광야
오봇
에돔
온
가데스바네아
멤피스/놉
바란 광야
큰 우회로
에시온게벨
시내
신 광야
미디안
수에즈만
하세롯
아카바만
시내산
하나님의 율법이 주어지다

0   25   50 mi
0   25   50 km

4.1 출애굽과 큰 우회로

■ 애굽

　　가나안이 아브라함 가족의 고향이자 하나님의 구원 계획을 위한 배경이기 때문에 우리는 그곳에서 전개되는 이야기를 기대하게 된다. 그러나 창세기가 끝날 무렵, 우리는 가나안을 뒤로 하고 거의 다섯 세기가 지나도록 돌아가지 않는다. 구원 이야기의 일부로 애굽이 등장할 것이고, 따라서 우리는 야곱의 가족을 따라 애굽으로 갈 것이다.

　　야곱의 가족이 여행을 위해 짐을 쌀 때, 그들은 주님께서 아브라함에게 하셨던 수수께끼 같은 말씀에 대해 이야기를 나누었을 것이다. 그 말씀은 창세기 15:13에 나온다. "너는 반드시 알라 네 자손이 이방에서 객이 되어 그들을 섬기겠고 그들은 사백 년 동안 네 자손을 괴롭히리니". 나는 야곱의 가족이 그 '이방'을 애굽이라 생각했다고 보지 않는다. 무엇보다도 아브라함의 가족은 그곳에서 살아 본 역사가 없다. 그들의 가족 이야기는 약속의 땅의 북동쪽에 있는 메소포타미아에서 점차 발전했다. 아브라함이 그의 아들 이삭의 아내를 구할 때, 자신의 종을 하란Harran에 보냈다. 에서가 그의 동생 야곱을 위협했을 때, 야곱 역시 같은 지역으로 도망갔다(창 24:1-11; 27:43; 28:10). 만약 성경의 이야기가 가나안을 떠나서 진행된다면, 그곳은 우리가 충분히 예상할 수 있는 곳이어야 할 것이다.

　　아브라함 가족이 애굽을 꺼릴 만한 두 번째 이유는 그곳이 거의 재앙에 가까운 이야기의 배경이었기 때문이다. 아브라함이 약속의 땅에서 기근을 만났을 때 애굽으로 피신했다(창 12:10-20). 이것은 나쁜 선택이었고, 아브라함이 애굽에 도착하자 상황은 더 나빠질 뿐이었다. 아브라함은 목숨을 잃을까 봐 자신의 아름다운 아내 사라를 바로에게 첩harem으로 내어 주었다. 이것은 여러 가지 차원에서 정말 말도 안 되는 일이었는데, 특히나 주님께서 아브라함과 사라에게 장차 자녀를 주시고 그 자녀를 통해 위대한 민족이 되도록 계획하셨음을 생각할 때, 이것은 정말 터무니없는 일이었다(창 17:15-19).

우리는 애굽으로 돌아가고자 하는 마음이 없다. 이것은 야곱도 마찬가지였다. 하지만 다시 한번 심각한 기근이 약속의 땅을 덮쳤을 때, 야곱은 갈 수밖에 없었다. 야곱은 이 자연 재해로 인해 약속의 땅에서 나와서 오래전 잃어버렸던 아들 요셉의 초대장을 들고 약속의 땅의 남쪽 국경인 브엘세바까지 나아갔다. 야곱은 거기 멈춰 서서 다음 단계로 나아가는 것이 정말 맞는 일인지 주님께 질문했다(창 46:1-6). 이것은 구원 계획을 위한 지리적 배경이 애굽으로 이동하는 순간이었다. 요셉은 자신의 가족들을 고센 땅에 정착시켰다. 이스라엘 백성들이 애굽에서 장기 체류하는 동안 머물렀던 그 땅은 나일강 삼각주의 동쪽에 있는 평야 지대였다(창 45:10; 47:27; 50:8; 출 9:26).

고센 땅은 가나안 중심부에서 불과 440km 정도 떨어진 곳이었지만, 이 두 곳만큼 서로 다른 두 장소를 상상하기란 쉽지 않다. 가나안의 내륙 산지에는 마르지 않는 호수나 강이 없었다. 그러나 하부 애굽lower Egypt은 나일강 어귀에 있는 범람원에 위치해 있었다. 가나안에서의 삶은 비에 의존했다. 비가 와야만 우물과 저수지가 물로 채워졌고, 목초지는 그제서야 녹색이 되었다. 과일과 곡식 농업도 비에 의존해야만 했다. 애굽에서의 삶은 나일강을 중심으로 이루어졌는데, 사람들은 지중해까지 이어지는 6,840km의 여정을 따라 그곳에서 빗물과 흙을 끌어다 썼다. 매년 나일강이 범람할 때마다, 이 주요 하천 체제는 나일강 삼각주의 농장 들판과 목초지 안에 영양분이 풍부한 신선한 토층을 퇴적시켰다. 그리고 일 년 내내 나일강이 지속적으로 흘렀기 때문에 논에 물을 대는 것이 가능했다. 가축이나 물고기, 곡물, 채소, 과일 등은 매우 풍부하게 이용할 수 있었다. 성경 저자들의 마음속에 나일강 삼각주에 필적하는 장소는 오직 에덴동산뿐이었다(창 13:10). 그러나 이러한 풍요로움에도 불구하고 애굽은 약속의 땅이 아니었다. 그렇다면 주님께서는 왜 구원 이야기를 애굽으로 이동시키셨을까?

첫째, 극심한 기근으로 야곱의 가족이 생존을 위협받았을 때 그들을 보호해 준 곳이 애굽이었다. 가나안은 기근을 자주 겪었지만, 이번 기근은 특히 더 파괴적이어서 기근에 강한 애굽에까지 영향을 미쳤다(창 47:13-26).[1] 가나안은 구호 활동relief effort을 조직하는 데 필요한 천연 자원이나 강력한 중앙 정부를 가지고 있지 않았다. 반면에 애굽은 둘 다 가지고 있었고, 후자와 관련해서 요셉이 핵심적 역할을 맡고 있었다. 주님께서는 야곱의 이 아들을 애굽에 미리 보내셨다. 요셉은 아주 잔혹해 보이는 일련의 사건들을 지나 결국엔 애굽의 이인자이자 구호 활동을 책임지는 인물로 부상했다. 주님께서는 요셉을 사용하셔서 7년 동안 여분의 곡식을 저장하게 하셨고, 뒤따라 이어진 7년 기근 동안에 그것을 나누어 주게 하셨다(창 41:41-57).

주님께서 요셉의 인생에 허락하신 모든 고난은 이 순간을 위함이었다. 요셉은 자기 삶을 돌아보면서 형제들에게 자신의 인생 이야기를 다음과 같이 요약했다. "형님들은 나를 해치려고 하였지만, 하나님은 오히려 그것을 선하게 바꾸셔서, 오늘과 같이 수많은 사람의 생명을 구원하셨습니다"(창 50:20, 새번역). 주님께서는 방주를 사용하셔서 홍수 가운데서도 약속을 지키셨는데, 이번에는 아브라함의 가족들이 사는 세상에 물이 부족하자 애굽을 구조선lifeboat이 되게 하셨다.

둘째, 주님께서는 애굽을 사용하셔서 아브라함 가문이 큰 민족(창 12:2)이 되게 하셨다. 그래서 주님께서는 야곱의 가족들을 기근이 지속되었던 기간보다 수백 년 더 오래 애굽에 머무르게 하셨다. 그러나 왜 가나안이 아닌 애굽을 택하셨을까?

인구 증가는 몇 가지 요인에 따라 좌우된다. 가장 중요한 첫째 요인은 음식과 물을 이용하는 것이 가능한가 하는 점이다. 애굽은 두 가지가 모두 풍족했고, 가나안보다는 기근의 영향을 덜 받았다. 이로 인해 애굽은 한 가문이 한 국가로 탈바꿈하기 위한 최상의 환경이 되었다. 둘째 요인은 천연자원을 얻기 위한 경쟁이다. 역사적으로 볼 때, 가나안은 이 시기에 인구가 증가하고 있었고, 더불어서 농지와 목초지를 얻기 위한 경쟁도 증가했다. 가나안에서 야곱의 가족은 현지인들 가운데서 특별한 지위를 얻지 못했기 때문에, 그들은 자원을 얻기 위한 투쟁에서 단지 하나의 참가자player일 뿐이었을 것이다. 애굽에서 아브라함의 가족들은 자원을 얻기 위해 훨씬 더 많은 인구와 경쟁해야 했지만, 여기에는 중요한 차이점이 있다. 요셉이 대기근 당시에 애굽을 지키는 데 있어서 중요한 역할을 감당했기 때문에, 야곱의 가족은 애굽에서 특별한 지위를 누릴 수 있었다. 야곱의 가족은 "이집트 땅 고센 지방에 자리를 잡았다. 거기에서 땅을 차지하고 자손을 많이 낳아 크게 불어났다"(창 47:27, 공동번역).

주님이 구원 이야기에서 애굽을 사용하신 세 번째 방식은, 애굽의 군사, 경제, 종교, 정치를 희생시키는 것이었다. 출애굽을 하는 동안, 주님께서는 자신이 누구인지를 분명히 하셨고 자신의 신적 권능을 드러내셨다. 요셉이 다스리던 동안에는 이스라엘에게 모든 것이 순조로웠고, 이스라엘은 애굽에서 편안하게 성장해 갈 수 있었다. 그러나 요셉이 애굽에 가져다준 기여를 인정하지 않는 새로운 왕조가 왕위를 차지하자 상황이 바뀌었고, 이스라엘은 특권적 지위favored status를 잃어버렸다(출 1:8).[2]

엎친 데 덮친 격으로, 애굽의 새 통치자는 증가하는 이스라엘의 인구를 자국의 국가 안보에 대한 위협으로 간주했다(출 1:9-10). 주님이 애굽에서 일으키신 이스라엘의 엄청난 성장을 뒤엎고자 새로운 정책을 모색했다. 많은 혜택을 누리던 야곱의 가족은 애굽 제국의 여타 포로들과 다르지 않은 신세가 되었다. 즉, 그들은 한 지역에 집단으로 거주하면서 삶을 영위하는 데 필요한 최소한의 것들만 공급받으며 애굽의 감독관들taskmasters의 요구에 따라 노동을 해야 하는 공적인 노동자가 된 것이다. 그들은 주로 농업 분야와 공공사업 분야에서 급료를 받지 않고 일을 했으며, 다른 삶을 선택할 수도 없었다.[3] 애굽의 통치 계층들은 이스라엘 백성들에게 무자비하게 일을 시켰고, 이것이 그들의 성장을 저해할 것으로 예상했다(출 1:9-10). 이것이 실패하자 더욱더 가혹한 조치를 취했다. 그것은 이스라엘 가정에서 태어난 모든 남자 영아를 죽이는 것이었다(출 1:15-22).

애굽에 대한 주님의 응대는 구약 성경에서 가장 극적인 이야기들 중 하나다. 주님은 열 가지 재앙을 통해 애굽의 자연계를 국가적인 위기로 몰아넣으셨다. 이 재앙들은 애굽 정체성의 핵심인 세계관, 군사, 신학, 경제, 자만심을 공격했다.[4] 결국 애굽은 이스라엘에게 떠나 달라고 요청했다.

그러나 이 열 가지 재앙은 애굽을 변화시키는 것만으로 끝나지 않았다. 이 재앙은 이스라엘도 변화시켰다. 애굽은 유일하신 참 하나님에 대한 이스라엘의 이해를 약화시키고 심지어 왜곡하기까지 했었다. 성경에서는 아브라함과 야곱의 이야기에서 그들의 후손들의 이야기로 나아가는 데 불과 몇 페이지밖에 되지 않지만, 그 사이에는 수백 년의 시간이 흘렀고, 그동안 주님께서는 이스라엘에게 더 진전된 계시를 주시지 않았다. 많은 이가 주님이 누구신지 까맣게 잊고 있었다.

모세는 주님께서 자신을 노예가 된 이스라엘 백성들에게 보내 말하게 하셨을 때, 바로 그러한 우려를 표현했다. "내가 이스라엘 자손에게 가서 이르기를 '너희의 조상의 하나님이 나를 너희에게 보내셨다' 하면 그들이 내게 묻기를 '그의 이름이 무엇이냐' 하리니 내가 무엇이라고 그들에게 말하리이까?"(출 3:13). 야곱의 후손들에게 주님의 정체와 권능에 대한 기억이 이미 너무나 희미해져 있었기 때문에, 모세는 그들에게 주님에 대해서 이야기하는 것이 결코 쉽지 않으리라고 생각했던 것이다. 바로 이 부분이 열 가지 재앙에서 드러나는 주님의 능력, 즉 자연을 기적적으로 좌지우지하시는 모습을 통해 보여 주고자 했던 부분이다. 주님께서는 이 세대에게 자신의 독특함과 권능을 보여 주셔서, 그들이 앞선 세대처럼 자신을 알게 하셨다.

애굽은 어떤 점에서 가나안보다 더 주님을 보여 주기에 좋은 장소였을까? 애굽은 당시 문화적으로 가장 진보한 나라였고, 군사적으로 능력이 있었으며, 경제적으로 안정된 제국이었다.[5] 이와는 대조적으로, 가나안은 최강자 애굽에 비해 훨씬 연약한 도시 국가들끼리 서로 경쟁하는 지역이었다. 주님께서 애굽을 불구로 만들어 버리자, 모두가 주목했다.

우박hail 재앙이 있었을 때, 주님께서는 모세를 바로에게 보내어 이렇게 말씀하셨다. "내가 너를 세웠음은 나의 능력을 네게 보이고 내 이름이 온 천하에 전파되게 하려 하였음이니라"(출 9:16). 이 메시지는 애굽과 세상만이 아니라 이스라엘을 위한 것이기도 하다. 그리고 이스라엘은 이 말씀을 이해했다.

주님께서 이스라엘의 출애굽을 위해 홍해를 여셨고, 애굽 군대가 건널 때에는 홍해를 닫으셨다. 그러자 다른 모든 신들과 구분되는 주님만의 탁월함이 분명해졌다. "여호와여, 신 중에 주와 같은 자가 누구니이까? 주와 같이 거룩함으로 영광스러우며 찬송할 만한 위엄이 있으며 기이한 일을 행하는 자가 누구니이까?"(출 15:11). 애굽에서의 체류는 기근의 때에 이스라엘을 지키고, 그들을 큰 민족이 되게 하며, 약속의 땅으로 인도하실 하나님에 대한 그들의 이해를 회복시켜 주었다.

■ 광야

　　주님께서는 자신이 택한 그 백성들을 그들이 속했던 곳
-약속의 땅-으로 되돌아가게 하시겠다는 지리적으로 긴
급한 문제를 반복해서 말씀하셨다(출 3:7-8, 16-17;
6:6-8). 그러나 주님께서는 그 택하신 백성 이스라
엘을 이끌어 홍해를 건너 애굽을 벗어나게 하신
뒤에 약속의 땅을 향해 북쪽으로 가도록 그들
을 인도하지 않으시고, 오히려 남쪽 광야로
이끄셨다. 그 후 40년 동안, 이 위험천만한
생태계는 구원 이야기의 중심이 되었다.

　　출애굽기의 후반부, 레위기 전체, 그
리고 민수기 첫 부분에서 이야기는 좀
더 잘게 쪼개지면서fragmented, 플롯
의 흐름을 방해하는 큰 덩어리의 법
전들 사이를 구불구불 흘러간다.
이 이야기를 지리적으로 따라가
는 것은 더욱 어려운데, 왜냐하
면 그 경로가 지나는 곳들이 수
백 킬로미터에 걸쳐서 흩어져 있
는 데다가, 각각의 장소들이 잘
알려지지 않아서 지도에 명확하
게 표시하기가 매우 어렵기 때
문이다. 여기에서 우리는 마라
(출 15:23), 엘림(출 15:27), 르비
딤(출 17:8), 시내산(출 19:2)과
같은 장소를 만나게 된다.

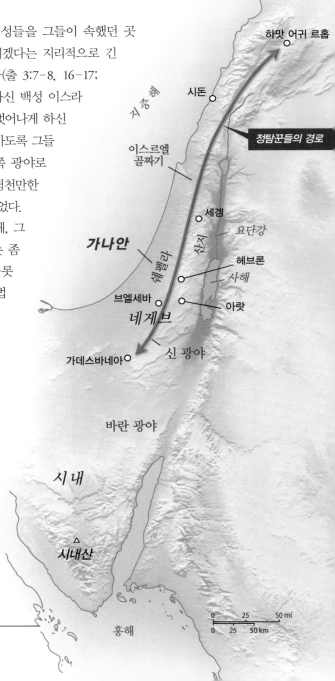

4.2 가나안 정탐

몇몇 경우에, 모세는 머물렀던 장소에 새로운 이름을 부여했다. 또 다른 경우에 모세는 일부러 이름을 붙이지 않고 단순히 이스라엘이 "여러 곳을 거쳐"(민 10:12, 새번역) 이동했다는 사실만을 언급한다. 이러한 지리적 불확실성 속에서 민수기 33장은 정보의 금광인 것처럼 보인다. 여기에서 우리는 이스라엘이 애굽을 떠난 때와 그들이 여리고 맞은 편 모압 땅에 도착했을 때 사이에 진을 쳤던 곳들의 목록을 보게 된다. 그러나 안타깝게도, 이러한 위치 정보locators조차도 이스라엘이 나아간 정확한 경로를 추적하기 어렵게 만든다. 왜냐하면 이 장소들 중 많은 곳들은 정확한 위치 확인이 안 되기 때문이다. 심지어 시내산의 위치조차도 아직까지 논쟁 중에 있다.[6]

우리가 확실히 알 수 있는 것은 무엇인가? 이스라엘이 40년 동안 광야에 있었다는 것이다. 그리고 이것이 이제 초점을 맞출 부분이다. 광야는 성경 이야기를 위한 새로운 생태계로서, 이스라엘이 애굽에서 알았던 것과는 완전히 다른 종류의 환경이다. 물론 성경에 나오는 광야 지역들이 상당히 다양한 면모를 가진 것은 분명하다. 이스라엘은 모래 벌판sandy plains과 건조 분지arid basins를 지나기도 했고, 이따금씩 지하수의 존재를 알려 주는 잘 자란 야자나무 때문에 그 여행이 중단되기도 했다. 이스라엘과 함께 남쪽으로 가다 보면 점점 산이 많은 지형을 만나게 되는데, 급기야 시나이 반도 남부에 이르러서는 화강암 봉우리들에 둘러싸여 완전히 잠기게 되었다.

우리는 여기서 지역별 차이에 초점을 맞추기보다는[7] 이 광야 지역들의 공통점이 무엇인지 생각해 보자. 예레미야 선지자는 이 광야 생태계 전체를 단 몇 마디로 정확히 담아냈다. 주님께서는 이스라엘이 "광야 곧 사막과 구덩이 땅, 건조하고 사망의 그늘진 땅, 사람이 그곳으로 다니지 아니하고 그곳에 사람이 거주하지 아니하는 땅"을 통과하게 하셨다(렘 2:6). 이스라엘이 여행한 이 생태계를 이해하기 위해서 우리는 광야가 인간의 경험에 부과하는 세 가지 위협the trilogy of threats을 인지해야 한다.[8]

가장 먼저, 광야에는 물이 거의 없다. 모세는 광야를 '물이 없는 간조한 땅'이라고 불렀다(신 8:15). 이사야는 광야를 '메마른 땅'parched(사 35:1)이자 '메마른 곳'sun-scorched(사 58:11)으로 묘사했다. 그리고 예레미야는 '사막', '건조한 땅', '마른 땅'이라는 용어를 사용했다(렘 2:6; 50:12). 광야에는 인간에게 꼭 필요한 그것이 사실상 없었다. 모세는 이스라엘의 광야 기간에 대해 이야기하면서, 주님께서 사람들의 갈증을 해소하기 위해 바위에서 물이 나게 하셨던 두 가지 사건을 강조한다(출 17:1-7; 민

20:1-13). 그러나 광야에 물이 거의 없었다는 사실을 고려해 볼 때, 이것은 광야에서 이스라엘 백성들을 살아 있도록 하기 위해 필요했던 수많은 물 공급 기적들 중에 단지 두 번의 사례임에 틀림없다.

두 번째 위협은 음식과 관련된 것이었다. 곡식은 고대의 주식이었다(느 5:2). 오늘날 곡식은 가뭄에 견딜 수 있도록 유전적으로 변형되었지만, 이러한 기술이 고대 세계에 있었을 리는 만무하다. 가뭄에 가장 강한 곡물인 보리도 매년 8-10인치의 강우량(또는 관개로 공급되는 그에 상당한 물)을 필요로 했다. 하지만 광야에는 고작 2-6인치 사이의 비만 내렸다. 이러한 사실은 예레미야로 하여금 광야를 "씨 뿌리지 못하는 땅"으로 특징짓게 했다(렘 2:2). 만약 주님께서 '만나'라고 불리는 곡식 대체물을 공급하심으로써 매일의 삶에 개입하지 않으셨다면(출 16:14-23), 이스라엘은 이 곡식이 없는 땅에서 소멸되었을 것이다.

세 번째 위협은 광야 생태계의 일부인 야생 동물들로부터 비롯된다. 다윗은 광야 배경에서 자신의 가축들을 지킬 때 그가 만났던 거대한 포식 동물들에 대해 언급했다(삼상 17:28, 34-36). 이스라엘의 광야 여행 이야기에서 그러한 동물들이 언급되지는 않았지만, 사자와 늑대가 그곳에 있었다. 독사와 전갈도 그곳에 있었는데, 이것들은 성경에 언급된다(민 21:4-9; 신 8:15).

왜 주님께서는 이스라엘을 이 가혹하고 위협적인 광야 생태계로 데려다가 오랜 시간 동안 그곳에 머물게 하셨을까? 이 질문은 내러티브가 진행되는 동안 계속해서 뇌리를 떠나지 않는다. 그래서 모세는 이스라엘이 약속의 땅으로 건너가기 직전에 어쩔 수 없이 이 질문에 회고조로라도retrospectively 대답해야만 한다고 느꼈다. "네 하나님 여호와께서 이 사십 년 동안에 네게 광야 길을 걷게 하신 것을 기억하라. 이는 너를 *낮추시며*humble 너를 *시험하사*test 네 마음이 어떠한지 그 명령을 지키는지 지키지 않는지 알려 하심이라. 너를 *낮추시며* 너를 주리게 하시며 또 너도 알지 못하며 네 조상들도 알지 못하던 만나를 네게 먹이신 것은 사람이 떡으로만 사는 것이 아니요 여호와의 입에서 나오는 모든 말씀으로 사는 줄을 네가 *알게*teach 하려 하심이니라"(신 8:2-3). 이스라엘은 길을 잃어 광야를 헤맨 것이 아니라, 주님께서 이 세 가지 목표(낮추고, 시험하고, 알게 하는 것-역주)를 다 이루시기까지 기다린 것이다. 왜냐하면 광야야말로 애굽이나 가나안보다 훨씬 더 이 목표들을 성취하기에 적합한 땅이기 때문이다. 모든 광야 이야기는 이 목적들 가운데 하나 이상에 부합한다.

주님께서 이스라엘을 겸손하게 하시려고 광야를 사용하셨다. 주님께서는 교만과 거만을 미워하신다(잠 8:13). 인간이 자기 자신을 마땅히 생각해야 하는 것보다 더 대단하게 생각할 때, 인간들은 하나님이 아닌 자신들이 원하는 대로 살고 생각할 권리를 가지고 있다고 착각한다. 광야는 유한한 인간들을 그들의 한계에 직면시킴으로써 이러한 자만을 다룬다. 시나이 반도의 남쪽 지역을 뒤덮고 있는 우뚝 솟은 화강암 산지는 우리의 크기와 중요도에 대한 인간의 가정을 원래 상태로 바로잡는다. 그리고 광야의 어려운 삶은 인간들에게 우리의 생존이 전능하신 분께 달려 있다는 사실을 일깨워 준다. 물론 애굽과 가나안에서도 마찬가지였지만, 두 장소에서는 음식과 물을 이용할 수 있다는 사실로 인해 하나님의 신적인 공급하심이 가려진다. 그런데 광야에서는 그렇지 않았다. 광야는 그 백성들이 주님을 향한 바른 태도(주님의 말씀을 듣고 순종할 준비를 갖춤)를 기름으로써 인간의 성취로 말미암은 오만은 버리고 인간의 필요를 인정하는 겸손을 갖게 한다.

주님께서는 이스라엘을 시험하시기 위해 광야를 사용하셨다. 히브리서에서 우리는 믿음이 무엇인지를 배우게 된다. '믿음은 바라는 것들의 실상이요 보이지 않는 것들의 증거니'(히 11:1). 광야는 곡식, 물, 안전과 같은 '보이지 않는' 것들로 가득하다. 애굽에서는 이런 것들이 모두 눈에 보이는 것들이었다. 그래서 주님께서는 그의 백성들에게 오셔서 물으셨다. "여기서, 즉 생존에 필수적인 것들이 눈에 보이지 않는 이곳에서, 나를 신뢰할 수 있느냐?"

불행하게도, 이스라엘은 계속해서 시험에 실패했다. 우리는 이스라엘이 행한 모습들과 뱉은 말에서 그들의 실패를 보게 된다. 주님께서는 이스라엘에게 만나를 내려 주셔서 그들의 식욕을 채워 주셨을 뿐 아니라 '그들이 율법을 준행하나 아니하나 시험'하시기도 하셨다(출 16:4). 그런데 백성들은 순식간에 이 간단한 명령을 어겨 버린다. 하루 먹을 만큼만 거두고 다음 날을 위해 남겨 두지 말라 하셨지만 남겨 뒀다가 다 썩히기도 하고, 여섯째 날에는 안식일을 위해 이틀 치를 거두되 안식일에는 거두러 나가지 말라 하셨지만 기어코 안식일에 거두러 나갔다가 아무것도 얻지 못한 채 돌아오기도 한 것이다(출 16:14-20, 27).

또 다른 장면에서, 모세는 백성들이 예상했던 것보다 좀 더 오래 시내산에 머물렀다. 그랬더니 백성들은 모세가 율법—즉, 다른 신들을 섬기지 말고 우상의 형상을 만들지 말라는 율법—을 받고 있던 그때, 금송아지를 만들어 그것을 숭배하고 있었다 (출 32장). 이후에, 약속의 땅 남쪽에 있는 가데스바네아에 도착한 이스라엘은 단 2년 만에 그들의 광야 체류를 끝낼 수 있는 기회를 가졌지만, 그들은 가나안에 들어가기를 거절했다(민 14:1-4)(지도 4.2).

이스라엘은 그들이 뱉은 말들을 통해 믿음의 부족을 드러내기도 했다. 광야 경험이 시작될 때, 그들은 모세와 다투며 "당신이 어찌하여 우리를 애굽에서 인도해 내어서 우리와 우리 자녀와 우리 가축이 목말라 죽게 하느냐?"고 한탄했다(출 17:3). 심지어 이스라엘의 광야 생활이 끝나 갈 무렵이 되어도 우리는 그 어떤 변화도 볼 수가 없다. "어찌하여 우리를 애굽에서 인도해 내어 이 광야에서 죽게 하는가? 이곳에는 먹을 것도 없고 물도 없다! 우리 마음이 이 하찮은 음식을 싫어하노라!"(민 21:5). 주님께서는 이스라엘의 믿음을 시험하시기 위해 광야를 사용하셨고, 이것은 왜 광야 여행이 2년이 아닌 40년 동안 지속되었는지를 설명해 준다. 그것은 바로 이스라엘이 계속해서 시험을 통과하지 못했기 때문이다.

마지막으로, 주님께서는 이스라엘을 가르치시기 위해 광야를 사용하셨다. 이스라엘은 배워야 할 것이 많았다. 애굽은 고대 근동의 일반적인 세계관을 더욱 강화시켰는데, 이에 따르면 세상에는 자연계의 신비한 현상들과 관련 있는 수많은 신들이 있으며 그 신들은 결코 서로를 '질투'하지 않는다. 애굽은 이스라엘 역시 이런 방식으로 신에 대해 생각하도록 만들었다. 주님께서는 이스라엘을 애굽의 이교적 혼란함 distractions으로부터 분리해 내시기 위해 광야를 사용하셨고, 자기 자신을 재차 한 분이신 참 하나님, 다른 신들을 숭배하는 것을 절대로 용납하지 않으시는 질투하시는 하나님으로 계시하셨다.

주님께서는 광야에서 이스라엘에게 자신이야말로 자연 세계의 궁극적인 원인이자 통치이심을 보여 주실 것이다. 물론 이러한 교훈은 어떤 곳에서든지 가르쳐질 수 있겠지만, 광야는 분명 매우 유용한 배움의 장이 될 것이다. 왜냐하면, 광야는 주님께서 얼마나 능력이 많으시고 신뢰할 수 있는 분이신지를 그대로 보여 주는 곳이기 때문이다. 애굽과 가나안은 매일의 필요를 채우시는 하나님의 손길을 볼 수 없게 하는 곳이었다. 그러나 음식과 물이 없는 광야에서 하나님께서는 친히 공급하시는 기적적인 돌

봄을 통해 자신의 존재를 보이셨다. 떡 그 자체보다 그것을 약속하시는 그 말씀이 더 좋은 특별한 분이 바로 주님이셨다. 광야는 "사람이 떡으로만 사는 것이 아니요 여호와의 입에서 나오는 모든 말씀으로 사는" 것을 배울 수 있는 장소였다(신 8:3).

우리는 구원 이야기에서 애굽 부분이 빠르게 지나가고 약속의 땅에서의 이야기를 얼른 듣기를 바란다. 그러나 주님께서는 다른 계획을 가지고 계셨다. 주님께서는 이스라엘을 광야로 이끄셨고, 40년 동안 그곳을 지나게 하셨다. 하나님께서는 약속의 땅에서 이스라엘이 자신의 사명을 이어 가기 전에, 주님은 광야에서 그들의 이해(하나님에 대한, 그리고 그들 자신의 정체성에 대한)와 그들의 믿음을 새롭게 빚으셨던 것이다.

■ 요단 동편

440년이라는 시간은 주님께서 약속을 이행하시기를 기다리기에는 너무나 길다. 우리는 광야 이야기와 율법을 다루는 성경의 많은 페이지를 지나왔다. 이 여정이 진행되는 동안, 주님께서는 우리를 애태우시며 선택받은 백성들이 요단강을 건너 약속의 땅으로 다시 들어가는 그 순간을 고대하게 하신다. 우리가 그 땅에 가까워질수록, 요단강 도하에 대한 내용이 점점 더 자주 언급된다(신 4:14, 21-22, 26; 6:1; 9:1; 11:8, 31; 12:10; 27:2-3; 30:18; 31:3; 32:47). 가나안에 다시 들어가는 것에 대한 우리의 흥분은, 우리로 하여금 광야와 약속의 땅 사이에 놓여 있는 지리적 요소-요단 동편-를

4.3 요단 동편 정복

지나치고 건너뛰게 할지도 모른다.

요단 동편은 요단 계곡과 험악한 시리아(아라비아) 사막 사이에 있는 동서의 간격을 메우면서 북쪽에 있는 헤르몬산Mount Hermon과 남쪽에 있는 에이라트Eilat 만 사이 400km에 이르는 지역을 일컫는다. 그 지역 생태계의 성격은 가나안과 광야의 중간쯤이다. 우선, 요단 동편에는 광야에 없는 모든 것들(물, 농지, 목초지, 사람들)이 있기 때문에, 이곳을 차지하기 위해 싸우는 것은 가치가 있다. 그래서 광야 이야기와는 다르게, 요단 동편 이야기에서는 이스라엘이 지역민들과 전쟁을 하는 이야기가 많이 나온다.

다른 한편으로, 요단 동편은 가나안의 풍경과 상당히 유사하다.[9] 왜냐하면 지질학적으로 어느 한 시기로 거슬러 올라가면 요단강 양안이 서로 하나였고, 그 하나의 지형으로써 두 지질 구조판tectonic plates을 잇는 다리 역할을 하는 곳이었기 때문이다. 이 두 지질 구조판이 갈라져서 요단 계곡을 형성했을 때, 동서로 나뉜 양쪽 지역은 서로의 지질학적 특징이나 강우량, 토지 이용 방식 등에 있어서 마치 서로 거울을 보는 듯 유사성이 지속됐다.

두 지역의 북쪽 모두 비가 더 많이 내렸고 화산의 흔적을 가진 바위와 토양을 가지고 있었다. 그래서 요단 동편의 바산 지역은 갈릴리 서편 지역처럼 곡식을 재배하고 소를 키우는 것을 선호한다. 길르앗은 요단 동편 중앙에 있고, 사마리아와 유다의 산악 내륙 지역과 매우 유사하다. 여기에 있는 석회암 산들에는 작은 곡식들이 잘 자랄 수 있도록 충분한 비가 내리고, 이 지역은 특히 올리브, 석류, 포도를 재배하기에 적합하다. 유다 산지의 남쪽에 위치한 네게브 지역은 강수량이 매우 적다. 여기에서는 사해의 동쪽과 남동쪽에 위치한 모압 지역과 마찬가지로, 농경지들이 양과 염소를 기르기에 적합한 목초지로 대체된다.

요단강의 동쪽과 서쪽 지역 사이에는 몇 가지 물리적인 차이가 있다. 가장 두드러진 차이는 요단 동편의 산들이 서쪽보다 고도가 더 높다는 것이다. 그러나 이렇게 한 쌍을 이루는 생태계의 가장 큰 차이는 신학적 지명theological designation이다. 가나안과 달리 요단 동편은 '약속의 땅'이라고 명명되지 않는다. 성경이 가나안이나 약속의 땅의 경계를 언급할 때(민 34:1-12; 겔 47:15-20), 주로 북쪽의 단과 남쪽의 브엘세바 사이의 땅으로 묘사한다. 이 땅의 서쪽 경계는 지중해이고, 동쪽 경계는 일반적으로 (갈릴리 바다 최북단의 약간 확장된 부분과 더불어) 요단강 계곡으로 표시된다.[10]

동쪽 경계는 몇 가지 성경 이야기를 통해 확인된다. 첫째, 이스라엘이 아직 광야에 있었을 때, 모세는 바위로부터 물을 공급하신 주님께 영광을 돌리지 못했었다. 결과적으로 주님께서는 모세에게 약속의 땅에 들어가지 못할 것이라고 말씀하셨다(민 20:12). 그러나 우리는 모세가 요단 동편 지역을 광범위하게 여행했음을 보여 주는 이야기들을 알고 있다. 만약 그곳이 약속의 땅이라면, 모세는 거기에 갈 수 없었다. 이스라엘이 요단강을 건너 가나안으로 들어갈 준비를 다 끝낸 뒤에야 주님께서는 모세를 이야기에서 제외시키셨다(신 34:1-4). 둘째, 이스라엘 백성들이 약속의 땅을 향해 나아가는 동안 주님께서 베풀어 주셨던 만나가 그들이 요단강을 건너고 나서는 그쳤다(수 5:12). 이 이야기들은 약속의 땅의 동쪽 경계가 요단 계곡이었음을 분명하게 보여 준다.

이것은 우리에게 한 가지 중요한 질문을 남긴다. 요단 동편 지역들은 약속의 땅이 아니었다면, 도대체 무엇이었을까? 우리는 이 지역들이 어떤 의무를 수반하는 신성한 땅으로 주어진 것이라고 생각해야만 한다. 이 땅의 일부는 야곱 가문의 먼 친척인 암몬, 모압, 에돔에게 주어졌다. 이스라엘이 요단 동편에 들어갔을 때, 주님께서는 그들에게 그 땅들을 삼가며 존중하라고 지시하셨다. 왜냐하면 그 땅의 어떤 부분도 이스라엘에게 주어진 것이 아니었기 때문이다(신 2:4-6, 9, 19). 주님께서는 분명 르우벤, 갓, 므낫세 반 지파에게도 동일하게 땅을 주셨다. 이들이 요단 동편 지역에 정착하겠다고 요구하기는 했지만, 그들이 요구한 곳은 암몬, 모압, 에돔이 거주하지 않는 지역들이었다(민 32:1-42).

이러한 땅 수여는 책임을 수반했다. 암몬, 모압, 에돔 족속은 요단 동편 지역의 이스라엘 지파들과 마찬가지로 가나안을 얻기 위해 이스라엘과 함께 요단강을 건널 의무가 없었다. 그러나 그들은 외부의 침입으로부터 동쪽 경계를 지킴으로써 약속의 땅에 살게 될 지파들을 지원해야 했다. 요단 계곡은 이스라엘의 자연 국경들 중에 가장 약한 곳이어서 침략을 방어하는 데 전혀 효과적이지 않았다. 우리는 이러한 지리적 현실이 실제 역사에서 나타나는 것을 보게 된다. 남쪽에서든 동쪽에서든 요단 동편 방어를 일차적으로 마주하지 않고 가나안을 침공하는 것은 불가능했다.[11] 그래서 적어도 요단 동편 지역에 땅을 주신 것은, 야곱 가문의 구성원들에게 주신 것이거나 그들의 확대된 가족들에게 주신 것이든지 간에, 의무를 수반하는 것이었다. 그들은 약속의 땅에 있는 이스라엘의 국가 안보에 기여해야만 했다.

이스라엘에는 오직 하나의 성소가 있었는데, 이는 이스라엘 백성들이 오직 하나님 한 분에게만 충성을 바쳤다는 사실을 상기시켜 주었다. 성막은 매우 이동하기 쉬웠고, 그곳에는 다양한 장소들이 있었지만, 가장 안쪽에 있는 공간, 즉 주님께서 특별한 방식으로 임재하시는 장소에 다가가는 자들에게는 점점 더 까다로운 제한 사항이 부과되었다.

1 성막의 뜰 (출 27:9-19; 38:9-20) 성막의 뜰은 이스라엘 진영 내에서 거룩하게 구별된 공간이었다. 이곳은 예배자들이 자신의 희생 제물을 가지고 제사장을 만나는 곳이다. 성막 뜰은 길이가 45.6m이고 넓이가 22.8m이다. 기둥과 막대기에 매달려 있는 2.28m 높이의 하얀 리넨 커튼이 성막 전체를 두르고 있고, 이는 밧줄과 말뚝으로 단단히 고정되어 있다.

2 번제단 (출 27:1-8) 번제단은 주님께 매일의 희생 제물을 드리는 곳이다. 번제단은 놋이 덧입혀진 조각목으로 만들어졌으며, 네 모퉁이에는 각각 뿔이 달려 있었다. 번제단의 길이와 넓이는 동일하게 2.28m씩이었고, 높이는 약 1.4m였다.

3 물두멍 (출 30:17-21) 아론과 그의 아들들은 그들의 공식적인 제사장 의무를 수행하기 전에 원형으로 된 용기에 담겨 있는 물로 그들의 손과 발을 씻었다.

4 성막 (출 26:1-37; 36:8-38) 길이 13.7m, 넓이 4.56m의 성막을 정식으로 만들기 위해 여러 겹으로 되어 있는 천으로 나무로 된 구조물을 덮었고, 이곳은 성소와 지성소라는 두 개의 공간으로 나뉘었다. 외부는 궂은 날씨에 영향을 받지 않았고, 내부는 색상과 디자인을 제공했다. 성막 내부에는 이스라엘의 제사장을 제외하고는 누구도 접근하지 못했다.

4.4 **성막**

요단 동편에서 전개되는 모든 이야기는 이러한 지리적 현실과 밀접하게 연관되어 있다. 첫 번째로 등장하는 한 쌍의 이야기는 아모리 족속을 정복한 이야기다. 아모리 족속은 아르논강Arnon river과 헤르몬산 사이의 공간을 점유하고 있었던 족속이다. 그들은 약속의 땅 동쪽 경계를 지킬 의무를 느끼지 못했기 때문에, 다른 이들로 대체될 필요가 있었다. 첫째, 이스라엘은 야하스Jahaz에서 시혼Sihon을 물리치고, 왕의 대로가 지나는 요단 동편의 산등성이mountain spine를 따라 중요한 아모리 성읍들을 함락시켰다(민 21:21-32; 신 2:24-37). 그리고 이스라엘은 바산Bashan을 목표로 삼았는데, 그곳은 옥Og이라는 왕이 지배하는 지역이었다. 옥의 군대를 에드레이Edrei에서 패배시킨 후, 이스라엘은 북쪽으로 이동하여 바산 전역을 점령하였다(민 21:33-35; 신 3:1-11)(지도 4.3).

이 일련의 정복 이야기에는 두 가지 주목할 만한 것이 있다. 첫째, 이스라엘이 주님의 명령에 얼마나 주의 깊게 순종했는지를 관찰하는 것이 중요하다. 이스라엘은 아모리 사람들이 소유하고 있는 토지를 넘어서 계속 공격할 수 있는 힘이 있었지만, 모압과 암몬에게 할당된 영토들은 피했다(민 21:13, 24). 이와 같은 요단 동편에서의 첫 전투들은 이스라엘이 요단강을 건넌 뒤에도 계속해서 따라야 하는 성공의 비결이 무엇인지 우리에게 잘 보여 준다. 주님께서 지시하신 대로 싸우고 주님께서 부과하신 한계들을 존중했을 때, 이스라엘에게 승리가 보장되었다. 둘째로 주목할 것은 동편 지역의 전투가 끝날 무렵에 아르논강과 헤르몬산 사이에 있는 땅은 요단강 서쪽에서 살아가는 지파들의 안보와 안녕을 지원할 것으로 기대할 수 있는 사람들의 손에 맡겨졌다는 것이다(신 3:8-10). 르우벤과 갓과 므낫세 반 지파에게 할당된 이 땅은 바로 이러한 역할을 하게 될 것이다.

암몬과 모압과 에돔도 이스라엘의 동쪽 경계를 지켜야 했다. 그러나 또 다른 일련의 이야기들은 모압이 자신들이 받은 땅을 가지고 그러한 지원 역할을 수행하지 않았다는 사실을 보여 준다. 모압 왕 발락은 발람이라는 이교 전문가를 고용했다. 발락은 발람이 마술적인 힘으로 주님을 조종할 수 있을 거라 믿었다. 발람은 여리고 평야 위의 여러 장소에서 시도를 해 보았지만, 그의 나귀가 말했던 것과 같이 자신이 정말 어리석은 사람이라는 것만 반복해서 입증했다. 그는 저주를 하려고 했지만 그의 입에서는 축복이 나올 뿐이었다(민 22:1-24:25). 발람은 창피를 면하기 위해 하나님께서 택하신 백성을 망하게 할 대안*을 제시했고, 이로써 발람은 앞으로도 반복적으로 이스라엘이 직면하게 될 치명적인 약점Achilles' heel이 무엇인지 보여 주었다.

모압 사람들은 바알을 숭배했는데, 바알은 우로雨露, rain and dew와 관련된 풍요의 신이다. 그들의 제의의 한 부분에는 결혼하지 않은 남성과 여성 간의 성행위가 포함되었다. 발람이 의도적으로 이러한 형태의 숭배 의식으로 이스라엘을 유혹한 것은 매우 파괴적이었다. 아모리인들의 무기나 발람의 저주는 비교 대상이 아니었다. 다른 민족들을 하나님의 진리의 빛으로 인도하라고 부름 받은 백성들이 이교도의 어둠에 빠져들게 되었다. 그 결과로, 주님께서는 자신의 백성들이 약속의 땅으로 건너갈 준비를 하고 있던 바로 그때, 수천 명을 죽게 만든 역병을 보내셨다(민 25:1-18).

이 이야기는 두 가지 측면에서 문제점을 예견하는 경고의 메시지라고 볼 수 있다. 먼저, 모압의 원래 역할은 이스라엘을 지원하는 것이었지만, 우리는 성경에서 그들이 정확히 그 반대로 행하는 모습을 자주 보게 된다(특히 오바댜를 보라). 또 다른 측면에서 우리는 이스라엘의 진짜 약함이 어디에 있는지를 배우게 된다. 우리가 요단강 동쪽에서 관찰한 것들을 고려해 볼 때, 가나안 사람들이 그들 앞에 쓰러질 것은 의심의 여지가 없다. 그러나 이스라엘에게 바알 숭배를 다시 소개할 사람들도 동일하게 가나안 사람들일 것이다. 그리고 결국에는 바로 이 극도로 음란한 이교적 숭배가 하나님의 백성들에게 걸림돌이 되리라는 점이 재차 입증될 것이다.

마지막으로 우리가 고려해야 할 요단 동편의 이야기가 있다. 그것은 바로 모세의 죽음에 대한 이야기다. 우리가 출애굽기에서 모세를 만났던 순간부터, 이 놀라운 남자가 이스라엘을 이끌어 광야를 지나 약속의 땅으로 들어가리라 기대했다. 그러나 나중에 밝혀진 것처럼 우리는 반만 옳았다. 모세는 이스라엘을 광야까지만 이끌었다.

＊ 민수기 22-24장에서 발람은 이스라엘을 저주하는 데 철저하게 실패합니다. 그가 어떤 대안을 발락에게 주었는지 그 제안의 내용을 직접적으로 볼 수는 없지만, 성경은 여러 구절에서 발람이 이스라엘을 넘어뜨릴 꾀를 제시했다는 것을 암시합니다.

민수기 31:16에 따르면, 민수기 25장에 기록된 이스라엘의 음행과 우상숭배, 그리고 하나님의 심판이 "발람의 꾀"로 말미암은 것이었음을 보여 줍니다. 또한 요한계시록 2:14에서는 "발람이 발락을 가르쳐 이스라엘 자손 앞에 걸림돌을 놓아 우상의 제물을 먹게 하였고 또 행음하게 하였느니라"라고 쓰면서 역시 민수기 25:1-2의 이스라엘의 범죄가 발람과 관련이 있음을 시사하고 있습니다.

이스라엘은 이후 역사에서 실제로 계속해서 우상의 문제와 행음의 문제로 선지자들의 질타를 받게 됩니다. 이것이 바로 이스라엘의 걸림돌이자 아킬레스건이었던 것입니다.

그곳에서 모세는 바위에서 물을 내는 기적을 행했지만, 그것을 통해 주님을 영화롭게 하는 데는 실패하고 말았다. 그로 말미암아 그는 약속의 땅에 들어갈 권리를 박탈당했다(민 20:1-12).

그래서 이스라엘 백성들이 요단강을 건너려고 짐을 꾸렸을 때, 모세는 상상할 수 없는 일을 했다. 그는 요단강에서 고개를 돌려 느보산 정상까지 천천히 오르기 시작했다. 그 정상에서 우리는 구원의 약속과 약속의 땅 사이에 있는 연결이 얼마나 강력한지 알게 된다. 그곳에서 주님께서는 모세에게 그 땅의 전경을 보여 주시면서 그의 불순종을 질책하기보다 약속의 땅에 들어가지 못하게 하는 죄조차도 그가 하늘나라에 들어가는 것을 막을 수는 없다는 점을 상기시키셨다(신 34:1-8).[12]

■ 약속의 땅 정복과 분배

집에서 멀어진 채 오래 있으면 있을수록, 집으로 돌아오는 일은 더욱더 특별한 일이 된다. 그리고 바로 이점이 여호수아서를 더욱 참신하게 만든다. 여호수아서는 약속의 땅과의 오랜 이별 끝에 그곳으로 되돌아오는 이야기이다. 수 세기 전에, 우리는 야곱 및 그의 가족들과 함께 그 땅을 떠났었다(창 46:1-7). 우리는 야곱의 가족과 애굽을 향해 여행하면서 우리의 시야에서 점점 사라져 가는 그 특별한 땅을 어깨너머로 은밀히 바라볼 수밖에 없었다. 여호수아서는 그로부터 수 세기가 지난 뒤에야 이스라엘이 귀환하는 이야기를 들려주는데, 이 이야기는 하나님께서 이스라엘 백성들에게 어떻게 그 땅을 주시고 분배하셨는지에 대해 자세하게 설명한다.

잃어버린 시간을 만회하려는 듯이 여호수아서는 재빨리 약속의 땅을 우리 앞으로 가져온다. 그리고 우리의 시선이 그곳에서 벗어나는 것을 허락하지 않는다. 처음부터 마지막까지, 여호수아서는 땅에 초점을 둔 책이다.[1] 주님께서는 여호수아 1:2에서 이 책의 주제를 제시하신다. "내 종 모세가 죽었으니 이제 너는 이 모든 백성과 더불어 일어나 이 요단을 건너 내가 그들 곧 이스라엘 자손에게 주는 그 땅으로 가라"(수 1:2). 여호수아는 그가 처음으로 말하는 내용에서부터 약속의 땅에 대한 초점을 분명히 한다. "양식을 준비하라 사흘 안에 너희가 이 요단을 건너 너희의 하나님 여호와께서 너희에게 주사 차지하게 하시는 땅을 차지하기 위하여 들어갈 것임이니라"(수 1:11). 이어서 뒤따라 나오는 페이지들에서는 도시 이름들, 자연적인 특징들, 전쟁터들, 물리적 경계들을 한데 엮어서 이야기로 제시한다.

비록 이 약속의 땅이 우리가 이전에 마주쳤던 땅과 같은 곳이기는 하지만, 여호수아는 이 땅을 매우 다른 방식으로 제시한다. 창세기에서 약속의 땅은 목초지, 농지, 우물을 특징으로 하는 곳이었다. 물론 가족 간의 다툼이나 기근과 관련되는 때는 문제가 드러나는 땅이었다. 민수기에서 약속의 땅은 목가적인 언어idyllic language로 묘사

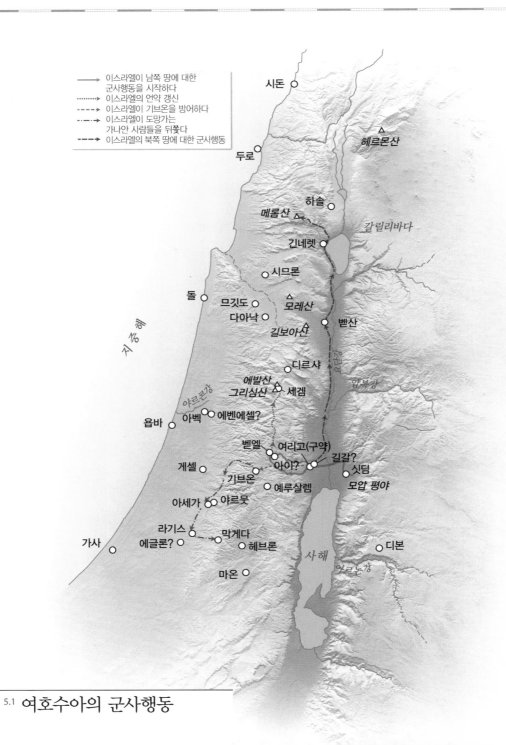

이스라엘이 남쪽 땅에 대한
군사행동을 시작하다
이스라엘의 언약 갱신
이스라엘이 기브온을 방어하다
이스라엘이 도망가는
가나안 사람들을 뒤쫓다
이스라엘의 북쪽 땅에 대한 군사행동

시돈

헤르몬산

두로

하솔
메롬산
긴네렛
갈릴리바다

시므론

돌
므깃도
다아낙
모레산
길보아산
벧산

디르샤

에발산
그리심산　세겜

욥바　아벡　에벤에셀?

벧엘　여리고(구약)
게셀　아이?　길갈?
기브온　싯딤
아세가　야르뭇　예루살렘
모압 평야

라기스
에글론?　막게다
가사　헤브론
마온
사해
디본

지중해
야르콘강
얍복강
아르논강

5.1 여호수아의 군사행동

되었다. 가나안은 물과 밭, 그리고 과일나무들이 있는 땅이었다. 황량한 광야와는 매우 대조적으로 가나안은 "젖과 꿀이 흐르는" 땅이었다(신 11:9).

그런데 여호수아는 가나안 땅을 다르게 보았다. 그는 이스라엘을 이끌고 전쟁터로 나가야 하는 사령관으로서, 가나안 땅을 요새화된 도시들과 위협적인 군대들 그리고 전쟁터가 가득한 곳으로 보았다. 당시의 가나안 땅은 여러 도시 국가들로 조직화되어 있었다. 이 도시 국가들과 그들이 관리하는 마을들 그리고 농지는 정치적으로 자치적이었기autonomous 때문에, 각자의 식량과 물 공급을 스스로 지켜 가고 있었다.

이 사회 시스템의 중심에는 요새화된 도시가 있었다. 이곳은 일종은 은신처safehouse로 지역 주민들이 외부의 공격이 발생할 시에 도망갈 수 있는 곳이었다. 이러한 도시들은 적군의 공세를 늦추고, 엄청난 사상자들을 초래하도록 고안된 여러 겹으로 이루어진 방어시설을 과시했다.[2] 여호수아서의 첫 열두 장에서 이러한 도시들은 두드러진 역할을 한다. 왜냐하면 그 도시들이 이스라엘이 받았던 "환영"welcome을 제공하기 때문이다. 그러나 도시들의 이름이 지나갈 때 우리가 놓칠지도 모르는 것은, 이 장들이 조심스럽게 만들어진 공격 계획을 드러낸다는 것이다. 이스라엘은 한 도시 국가에서 다음 도시 국가로 나아갈 때 그들과 무작위로 충돌한 것이 아니다. 오히려 이스라엘은 전략적이고 신학적인 목적들을 이루기 위해 그들의 첫 진입부터 계획적으로 행했고, 그들의 정복 또한 의도적인 것이었다.

이 이야기는 이스라엘이 어떻게 그 땅에 들어갔는지에 대한 이야기로 시작된다. 약속의 땅으로 들어가는 입구는 여러 개가 있었지만, 주님께서는 이스라엘이 요단강을 건너 여리고 반대편으로 가서 서쪽에 있는 여리고-게셀Jericho-Gezer 길로 나아가게 하셨다(지도 2.5, 지도 5.1). 이스라엘은 이런 방식으로 나아가면서, 가나안 중심부의 산지 위에 동서로 난 주요 노선을 확보하고 있는 일련의 도시 국가들을 만나 그들을 쓰러뜨렸다. 이로 인해 가나안 저항군은 반으로 갈라졌고, 남북 간에 통신과 공급이 단절되었다.

이 정복 루트에서 이스라엘은 요단강과 여리고를 맞닥뜨리게 된다. 이 두 장소는 여호수아서 안에서 신학적으로 중요한 역할을 한다. 이 장면을 시작하면서 등장하는 요단강을 건너는 사건은 약속의 땅으로 다시 들어가는 가장 중요한 순간을 보여 준다. 그러나 이스라엘이 요단강을 건너려고 만반의 태세를 갖추자, 요단강 그 자체가 먼저 그들의 노력에 저항한다. 요단강은 물이 불어나 홍수 수준으로 흐르고 있었고 (수 3:15), 이로 인해 잔잔한 여리고 여울이 깊이 3m, 폭 1.6km의 매서운 강으로 바뀌었다. 사람들은 여호수아의 지시를 기다렸고, 여호수아는 주님을 바라보았다.

이스라엘이 광야에서 물이 없었을 때, 주님께서는 기적을 행하심으로 그들이 풍족하다는 사실을 분명히 해 주셨다. 이번에는 이스라엘이 너무 많은 요단강 물을 직면하게 되자, 또 다른 기적을 행하셨다. 주님께서는 상류의 물을 막아 흐르지 않게 하심으로 이스라엘이 건너갈 수 있도록 하셨다. 강물을 저지한 이 기적은 세 가지를 성취했다. 첫째, 이 사건은 이스라엘의 새로운 지도자인 여호수아에 대한 이스라엘의 신뢰를 높여 주었다(수 3:7; 4:14). 둘째, 이 사건은 애굽에서 열 재앙을 목격하지 못했던 이들에게 주님의 권능을 보여 주었다(수 4:24). 셋째, 이 사건은 출애굽 사건과 평행을 이루면서, 약속의 땅으로 들어가는 진입로를 제공해 주었다. 이스라엘 백성들은 출애굽과 가나안 땅으로의 귀환에서 동일하게 물로 된 벽을 통과했다(수 4:23).[3]

강을 건너자 이스라엘은 여리고를 직면하게 되었다. 이것은 이스라엘이 가나안에서 마주한 첫 번째 군사적 도전이 될 것이지만, 주님께서는 또 다른 기적을 준비해 놓으셨다. 여리고는 보통 크기의 요새였지만 강력한 수원지powerful spring 근처에 위치하면서 가나안의 중심부로 가는 세 갈래의 길을 지키고 있었기 때문에, 이스라엘은 여리고를 차지하기 위한 행동을 취할 수밖에 없었다. 이어지는 독특한 "포위 작전"siege 은 구약 성경에서 가장 기억에 남는 이야기들 중에 하나다. 이스라엘 군대는 성벽을 공격하기 위해 진군하지 않고, 오히려 주님께서 지시하신 대로 성벽 주변을 6일 동안 매일 한 번씩 행진하였다. 제7일째에는 이스라엘 군대가 그 성을 일곱 번 돌았다. 마지막 행진이 끝난 후에, 제사장들은 나팔을 불었고 이스라엘은 소리쳤다. 주님께서는 여리고 성벽의 일부를 무너뜨리셔서 이스라엘 군대가 들어갈 수 있도록 여리고를 여셨다(수 6장).

요단강 도하와 여리고 함락의 기적은 이 책을 강렬하게 시작하게 하면서 동시에 두 가지를 성취한다. 먼저 이 기적들은 역사에 흩뿌려진 일반적인 종류의 전쟁술 이상의 무언가를 우리가 목도하고 있다는 것을 보여 준다. 주님의 적극적인 참여는 이것이 그분의 일임을 나타낸다. 이것은 자연스럽게, 이스라엘의 성공 패러다임을 확립하는 데로 나아간다. 앞으로 더 크고 강한 일곱 족속을 몰아내시고 그의 백성이 이 땅을

자신의 것으로 받아들이게 하는 것은 이스라엘 자신의 힘이나 전투 능력이 아니라 주
님 자신이라는 것이다(신 7:1).

가나안의 도시 국가들이 충격을 받게 된 후에 이스라엘은 전투를 중단하고 에발
산과 그리심산 사이에 있는 북쪽 산길로 이동함으로써, 그들에게 재정비할 시간을 주
었다(수 8:30-35). 여호수아는 에발산에서 제단을 쌓고, 석회를 바른 돌 위에 모세의
율법 사본을 새겼으며, 이스라엘을 예배로 이끌었다. 이렇게 극적으로 그 땅을 정복
하기 시작했던 이스라엘의 기세가 왜 갑자기 멈추게 되었나? 그들은 초반 승리의 허
세에 사로잡혀 이 싸움의 신학적 차원을 쉽게 망각했던 것 같다. 그래서 주님께서는
이 침략을 즉시 막으셨고, 이 일로 인해 이스라엘은 그들의 건국 원리를 다시 돌아보
고, 자기 목적에 맞게 다시 헌신할 수 있는 경험을 갖게 되었다(신 27-28장).

이를 위해 고대의 세겜보다 더 좋은 곳이 있을까? 아브라함은 바로 이 세겜에서
가나안을 약속의 땅으로 인식하기 시작했다. 다시 말해, 자신의 후손이 큰 나라가 되
고 구원 약속이 펼쳐질 땅임을 알게 된 바로 그 장소가 세겜이다(창 12:6-7). 전쟁 중
에 행한 이러한 종교적 순례는 이스라엘을 자신들이 처음 시작됐던 곳으로 되돌려 놓
음으로써, 주님께서 그들을 부르신 의도에 맞게 약속의 땅을 바라볼 수 있게 했다.

정복의 다음 단계는 두 번의 군사적 행동으로 요약된다. 첫째는 남쪽의 도시 국가
들이 포함되어 있고(40-42절에 나와 있는 요약에 주목하면서 여호수아 10장을 보라),
둘째는 북쪽의 도시 국가들이 포함된다(16-23절에 나와 있는 요약에 주목하면서 여
호수아 11장을 보라). 이 지명들은 너무 빠르게 쌩하고 지나가서 우리가 그 중요성을
놓칠 수 있지만(특히 수 12:9-24에 제시된 정복당한 왕들의 리스트의 중요성), 지리
는 아주 중요한 정보를 제공해 준다. 전략적인 관점에서 볼 때, 주님께서는 가나안 내
륙에 있는 모든 주요 도시 국가들의 저항을 무력화시키셨다. 남북로(가나안의 중앙에
있는 산등성이 길) 및 동서로(여리고-게셀 길)와 같은 주요 가나안 내륙 도로는 이스
라엘의 영향력 안에 안전하게 확보되었다. 신학적인 관점에서 보면, 이스라엘의 과거
나 미래의 주요 장소들—예루살렘(최소한 일시적으로라도), 실로, 세겜, 벧엘, 헤브론
—도 이스라엘의 영향력 가운데 있었다.[4]

여호수아서의 후반부는 우리를 실로로 데려간다. 실로에서 최종적인 땅 분배가 이
루어진다(수 18:1-21:45).[5] 이 땅 분배는 실용적 차원과 신학적인 차원을 둘 다 가지고

있다. 요단강을 건넌 모든 이스라엘 가족들은 동물들을 기르고, 농작물을 재배하고, 우물을 파고, 집을 지을 땅이 필요했다. 주님께서는 토지 분배를 운에 맡기지 않으셨고, 또한 인간의 성취나 각 지파의 강력한 지배 의식, 혹은 부나 명예에 토대를 두게 하지도 않으셨다. 오히려 주님께서는 각각의 부족 단위, 일족clan 단위, 가족 단위마다 그들의 소유가 될 토지를 나누어 주셨다. 각 가족들은 그들이 받은 토지가 그들의 필요를 충족시키기에 충분하다고 생각했고, 고정된 경계는 부동산 경계선을 두고 싸우는 것이 없게 했다(지도 5.2).

실로에서의 배경은 땅 분할의 신학적인 면을 강조했다. 이스라엘은 실로에 장막을 세웠고, 이 작은 도시를 예루살렘이 세워지기 이전까지 하나님의 백성들을 위한 중앙 예배지로 삼았다(수 18:1). 각각의 이스라엘 가정들은 적당한 양의 자원이나 땅보다 훨씬 더 많은 것을 요구했다. 자연스레 죄와 그에 수반되는 죄책이 그들의 일상적인 동료가 되어 버렸다. 용서에 대한 확신이 없이 먹는 음식은 평안을 주지 못했다. 바로 이 지점에서 약속의 땅이 들어온다. 음식을 생산한 바로 그 땅이 하나님의 백성들로 하여금 하나님의 용서를 떠올리게 했던 것이다. 이스라엘 백성들에게 흙은 십자가가 되었고, 그 바위들은 텅 빈 무덤이 되었다. 이것들은 그들이 주님의 용서의 언약 아래 살고 있음을 육체적으로 떠올리게 해 주는 것들이었다.

여호수아서가 끝날 때 그 땅에 전쟁이 그쳤고(수 14:15) 백성들은 "각기 기업으로 돌아갔다"(수 24:28). 지리적으로 말하면, 구원 이야기가 다시 집으로 돌아온 것이다. 이스라엘은 아브라함이 자신의 후손들을 이 땅과 연관 짓고 구원의 약속을 인지하기 시작했던 바로 그 세겜에 다시 한번 모여서 그 구원의 이야기를 마지막으로 기억하는 시간을 가졌다(수 24:1-28). 이스라엘에게 과거를 돌아보라고 손짓했던 이 장소는 이제 그들을 보내어 약속의 땅에 그들의 집을 세우게 한다.

■ 위기에 처한 약속의 땅

　　여호수아서의 약속과 소망 이후에, 약속의 땅은 전쟁의 시기에서부터 해방되었다. 그러나 이 해방은 사사기에 나오는 이야기들로 인해 금세 끝이 난다. 우리는 사사기의 마지막 장에 이를 때쯤에는 이스라엘의 배교와 혼돈과 폭력 때문에 불쾌함을 느끼게 된다. 사사기는 좋은 땅이 나빠진 이야기, 약속의 땅이 위기의 시기로 빠져들어 가는 이야기를 들려준다.

　　우리가 여호수아서를 떠난 이후로 무엇이 바뀌었는가? 우선, 여호수아가 이스라엘 군대를 이끌고 그 땅의 대부분을 차지하고 있던 도시 국가들을 파괴한 데서부터 시작하자. 이로 인해 그 땅에 권력 공백power vacuum이 생겼고, 이스라엘은 그 권력을 차지하려고 기회를 엿보는 많은 집단들 중에 하나에 불과했다. 사사기에서 우리는 블레셋(삿 3:31; 10:7; 13-16), 가나안(삿 4:1-3), 모압과 암몬(삿 3:12-13; 10:7), 그리고 미디안과 아말렉, 동쪽과 남쪽에서 온 낙타를 치는 유목민(삿 3:13; 6:1-7; 10:12)과 같은 사람들을 보게 된다. 사사기만이 아니라, 아마르나 서한Amarna letters에도 이 시대에 약속의 땅에 대한 지배권을 놓고 난투극free-for-all이 벌어진 것을 묘사하는 내용이 있다.[6]

　　두 번째로, 이스라엘이 이 땅에 관여하는 방식이 명백하게 달라졌다. 우리는 그것을 고고학을 통해서 알게 되고 성경 이야기를 통해 듣게 된다. 이스라엘은 그곳에 정착하고 있었다.[7] 중앙 산지에 형성된 마을들은 저수지라 불렸던 비를 모으는 공간을 자랑했다. 이러한 혁신으로 인해 이스라엘 지파들은 흩어져 살 수 있게 됐고, 또 지역 샘에 접촉할 수 없는 곳에도 마을을 세울 수 있게 되었다. 또한 우리는 이스라엘이 이동하며 사는 목축 사회에서 목축과 농업을 섞은 형태의 사회로 이행하는 것을 보게 된다. 이스라엘은 포도원과 농지를 일구고, 포도즙을 짜는 기구와 타작마당을 포함하여 음식을 가공하는 데 필요한 기반시설을 갖추게 되었다(삿 6:3-4, 11, 37; 21:20-21). 이것이 바로 주님께서 택하신 백성들이 이 땅에 정착하게 될 때 기대하던 것이다.

　　이 땅 이야기에서 세 번째 변화는 놀랍다. 아이러니하게도, 농경생활로의 전환은

● 도피성

[도피성] 게데스 ●
단

아셀
납달리
갈릴리바다

동쪽
므낫세

[도피성] 골란

스불론
잇사갈

아르묵강

지
중
해

므깃도 ○
다아낙 ○
벧산 ○

[도피성] 길르앗 라못

므낫세

남아 있는 지파들에게
땅을 분배하다

[도피성] 세겜 ●

숙곳 ○
마하나임 ○

거라사 ○

큰 지파들에게 땅을
분배하다

실로 ○

얍복강

갓

단

에브라임

에글론 ○
게셀 ○

벧엘 ○
벧세메스

랍바 ○

암몬

아스돗 ○

가드 ○

믹마스
기럇여아림

길갈 ○
여리고 ○

헤스본 ○

[도피성] 베셀 ●
메드바 ○

유다

[도피성] 헤브론 ●

사해

르우벤

시므온

모압

세렛 시내

에돔

0   10   20 mi
0   10   20 km

5.2 지파별 땅 분배

이교도 신전을 세우는 것으로 이어졌다. 사사기 전체를 읽으면서 우리는 이스라엘이 이교도 세계관을 받아들이는 모습이 두드러지게 나타나는 것을 보게 된다. 이것은 실로 충격적이다.

　　주님께서는 이스라엘에게 약속의 땅에서 모든 이교도 예배 처소를 제거하라고 명하셨다(신 12:29-13:18). 그러나 이스라엘이 가나안 이웃들로부터 땅을 경작하는 방법을 배우면서 바알─성공적인 추수를 위해 필요한 이슬과 비를 제공하는 존재로 여겨지는 가나안의 신─을 숭배하는 법도 같이 배우게 되었다.

　　여호와께서 실로에 그의 성소를 세우셨지만(수 18:1), 사사기는 이방 신들에게 바쳐진 대체 예배 처소들에 대한 언급으로 가득하다(삿 6:25-28; 17:1-6; 18:29-31). 그래서 사사기에서의 구속 이야기에는 중간중간에 충격적인 말씀들이 자주 등장한다. "애굽 땅에서 그들을 인도하여 내신 그들의 조상들의 하나님 여호와를 버리고 다른 신들 곧 그들의 주위에 있는 백성의 신들을 따라 그들에게 절하여 여호와를 진노하시게 하였으되 곧 그들이 여호와를 버리고 바알과 아스다롯을 섬겼으므로"(삿 2:12-13). "이스라엘 자손이 다시 여호와의 목전에 악을 행하여 바알들과 아스다롯과 아람의 신들과 시돈의 신들과 모압의 신들과 암몬 자손의 신들과 블레셋 사람들의 신들을 섬기고 여호와를 버리고 그를 섬기지 아니하므로"(삿 10:6). 가나안은 구속 계획을 조성하기 위해 의도된 땅이었는데, 이제는 이교 신앙으로 오염되었다.

　　이러한 변화의 결과로 주님께서는 여호수아의 성공적인 토지-획득 이야기land-acquisition stories를 뒤집어 엎으셔서 사사기의 토지-상실 이야기land-loss stories로 바꾸셨다. 이스라엘이 주님을 버렸을 때, 주님께서는 다른 민족들이 가나안의 권력 공백을 메우고 이스라엘을 억압하게 허락하셨다. 그리고 이스라엘이 고통을 느끼고 부르짖으며 도움을 청했을 때, 주님께서는 강력한charismatic 군사 지도자인 사사들을 일으키셨고 이들은 이스라엘을 압제하는 자들을 물리쳤다.[8] 그러나 머지않아 이스라엘은 이교 숭배로 되돌아갔고, 또 다시 땅을 잃게 되었다(삿 2:14-23).

　　사사기는 이렇게 토지-상실로 귀결되는 이야기를 여러 방식으로 강조하는데, 우선 땅을 취하지 못했다는 불안한 소식으로 시작한다. 여호수아의 마지막 장에서 우리는 여호수아가 "백성을 보내어 각기 기업으로 돌아가게 하였더라"(수 24:28)는 내용을 읽게 되는데, 사사기는 "여호수아가 죽은 후에 이스라엘 자손이 여호와께 여쭈어 이

르되 우리 가운데 누가 먼저 올라가서 가나안 족속과 싸우리이까"(삿 1:1)라는 질문으로 시작한다. 이것은 두 책 사이의 가교를 만들고, 이 이야기가 여기서부터 어떻게 진행될지에 대한 기대를 갖게 한다. 즉, 각각의 이스라엘 부족들은 현지에 사는 적들과 싸우게 될 것이다.

처음에는 계획대로 상황이 흘러갔다. 유다와 시므온은 자신들에게 주어진 땅에 대한 통제력hold을 행사하는 일련의 전투에서 가나안 사람들과 교전했다(삿 1:2-18). 그러나 그 후에 상황이 달라졌다. 유다가 산지에서 거둔 성공이 평야에서는 반복되지 않은 것이다. 왜냐하면 그 평야에 살고 있는 적들은 "철 병거"를 가지고 있었기 때문이다(삿 1:19). 이 장의 나머지 부분에는 이스라엘이 취하지 못한 땅들에 대한 보고가 가득하다.

단순히 땅을 차지하지 못한 것이 문제가 아니라, 취하지 못한 땅이 *어떤* 땅인지가 문제였다.[9] 약속의 땅에서 어떤 지역은 다른 지역보다 더 가치가 있었다. 왜냐하면 더 많은 음식을 생산하고, 국제 무역로를 가지고 있으며, 국가 안보에 있어서 더 큰 가치를 가지고 있는 곳이 있었기 때문이다. 이스라엘이 취하지 못한 땅은 바로 이러한 높은 가치를 지니고 있는 땅이었다.

예를 들면 이스라엘은 해안 평야를 다스릴 수 없었다(삿 1:19, 34). 이 평야는 가장 생산적인 곡식밭을 제공했고, 국제 여행을 주관했다. 또한, 이스라엘은 쉐펠라 Shephelah를 다스릴 수 없었다. 이곳은 해안 평야와 유다 산지 사이에 있는 산자락들 foothills과 계곡 지역이다(삿 1:29, 34-35; 13:1; 18:1). 이 산자락에는 목재가 풍부했고 계곡에는 곡식이 풍성했다. 이 지역의 도시들은 약속의 땅의 산 내부로 들어가는 서쪽 진입로를 확보하고 있었다.

그리고 이스라엘은 이스르엘Jezreel 계곡을 차지하려고 분투했다(삿 4:1-3; 6:33; 7:12). 이곳은 농업이 발달해 풍요로운 지역이었고, 동서로 나 있는 여행로를 포함해서 약속의 땅을 가로지르는 국제 도로가 지나는 곳이었다.

심지어 이스라엘은 여리고에 대한 통제권마저 잃게 되었다(삿 3:12-13). 이 도시는 약속의 땅의 중심부로 들어가는 동쪽 진입로였고, 르우벤, 갓, 므낫세 반 지파가 정착해있던 요단 동편으로 이어지는 여울을 관장했다. 여리고는 이러한 전략적 가치와 더불어 상징적인 가치도 지니고 있었다. 여리고는 이스라엘이 약속의 땅에 들어가자마자 처음으로 차지한 요새였다. 이스라엘이 차지하지 못한 이 땅은 농업, 무역 수입, 국가 안보의 측면에서 가장 많은 것들을 약속해 주는 곳이었다.

사사기 이야기에서 또 다른 문제가 되는 차원은 요단강 동쪽 지역과 관련이 있다. 비록 요단 동편이 약속의 땅의 일부는 아니었지만, 그곳은 땅 수여의 형태로 다른 이들에게 약속하신 땅이었다. 암몬, 모압, 에돔, 르우벤, 갓, 므낫세 반 지파에게 수여된 요단 동편 지역은 이스라엘의 안녕을 지키는 데 매우 중요한 역할을 담당했다. 요단강은 국경의 역할을 했지만, 동쪽 침략을 막는 천연 장벽으로서의 역할을 거의 감당하지 못했다. 그래서 주님께서는 요단 동편 지역을 이스라엘의 먼 친척들뿐 아니라 두 지파 반에게 주셨다. 그들은 동쪽으로부터 오는 침략을 흡수하여 가나안 땅과 구원 이야기를 지키는 것을 도와야 했다.

그러나 모압과 암몬은 요단강을 건너가서 여리고를 점령하고, 요단 동편에 있는

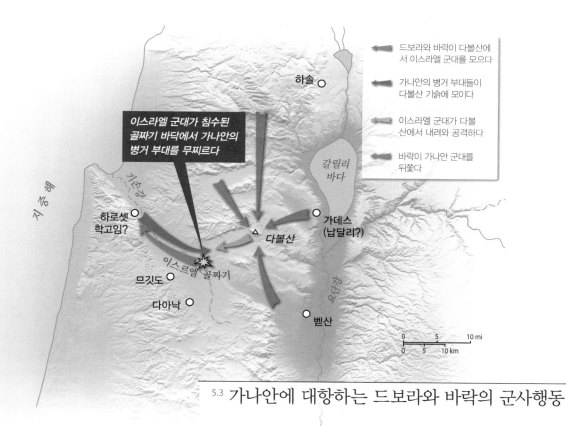

5.3 **가나안에 대항하는 드보라와 바락의 군사행동**

이스라엘 지파들을 경제적으로 억압했다(삿 3:12-13). 기드온 시대에는 동쪽에서 들어오는 침입을 그 어느 것도 막을 수 없는 것처럼 보였고, 사막 유목민들은 약속의 땅으로 쏟아져 들어왔다(삿 6:3-6). 기드온은 그들을 쫓아내는 데 성공했지만, 요단강을 건너 동쪽으로 간 생존자들을 쫓았을 때 기드온을 따르는 자들은 지치기 시작했다. 그래서 기드온은 숙곳Sukkoth과 브누엘Peniel 두 도시로부터 떡덩이를 달라고 했다. 그러나 이 요단 동편 도시들은 기드온의 긴급한 도움 요청을 거절함으로써, 그의 노력을 좌절시켰다(삿 8:4-9). 또한 우리는 사사 입다Jephthah의 생애 이야기를 알고 있다. 우리는 그 이야기를 통해 암몬이 요단강을 건너 유다, 베냐민, 그리고 에브라임을 공격한 것을 보게 된다(삿 10:8-9). 동쪽 땅을 수여받아 그곳을 향유하던 자들은 반복적으로 동쪽 경계를 지키지 않았고, 심지어 약속의 땅을 침범하기까지 했다.

사사기에는 좀 더 고통스러운 지리적 측면의 문제가 한 가지 더 있다. 여호수아가 이스라엘 지파들을 보내어 가나안의 권력 공백을 메우고 그들이 받은 땅을 확보하게 하였을 때, 우리는 이스라엘 백성들이 이스라엘이 아닌 자들에 대항하여 무기를 들고 그들과 싸울 것이라 기대했다. 그런데 사사기에서 우리가 발견하게 되는 것은 이스라엘이 서로서로 싸운다는 것이다. 단 지파에 속한 삼손은 블레셋 사람들과 싸웠고(지

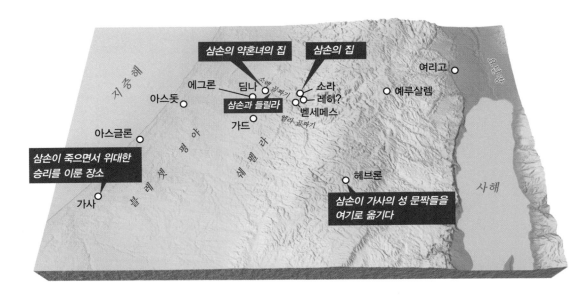

5.4 삼손의 생애

도 5.4을 보라), 한 번은 유다로 피신해 그의 적들로부터 자신을 숨겼다. 블레셋이 삼손을 뒤쫓자, 유다 사람들은 그를 보호해 주지 않고 결박하여 블레셋 사람들에게 넘겨주었다(삿 15:10-13).

입다는 요단 동편 지역에 있는 길르앗 출신이다. 그는 암몬 족속들의 침략을 물리침으로써 주님께서 동편에 사는 백성들에게 기대하시는 일을 행했다. 하지만 요단 서편의 에브라임 사람들은 감사를 보여 주기는커녕 오히려 길르앗을 공격했다(삿 12:1-7).

또 다른 이야기에서 단 지파는 여호수아가 그들에게 할당한 땅에 대한 지배권을 굳건히 하려고 애썼다. 그래서 단 지파는 북쪽으로 진군하여 납달리 지파에게 할당된 땅을 강제로 취하였다(수 19:32-39; 삿 18:1, 27-30).

그리고 혼돈에 가까운 사사기의 끝부분에서, 우리는 이제까지의 이야기들 중에 가장 충격적인 일련의 이야기를 발견하게 된다. 베냐민 영토에 있는 기브아 도시에서 너무나도 극악한 잔혹 행위가 발생했고, 그 행위는 소돔과 고모라가 저지른 죄악을 떠올리게 했다(삿 19:1-30). 이로 인해 단에서부터 브엘세바에 이르는 모든 이스라엘 족속이 기브아에 있는 죄인들의 편을 들기로 선택한 베냐민 지파를 공격하기 위해 결집했다. 결국 베냐민은 거의 전멸되었고 그 지파의 미래를 지키기 위해 극단적인 조치가 필요하게 되었다(삿 20-21장).

사사기가 들려주는 구원 이야기는 땅 이야기다. 그러나 사실상 모든 부분에서 우리가 기대한 이야기와는 다르다. 어떻게 된 것인가? 이스라엘은 땅을 경작하는 법을 배울 때 바알을 숭배하는 법을 배웠다. 약속의 땅에는 이교도 신전이 가득하게 되었고, 이것은 반복적인 땅 손실, 요단 동편에 사는 사람들과의 문제, 이스라엘 지파들 간의 내분을 일으켰다. 여호수아서의 희망찬 땅 이야기는 사사기에서 절망적인 이야기로 바뀌었다. 사사기는 이스라엘 백성들이 자신들도 의식하지 못하는 가운데 서서히 배교와 사회적 혼돈으로 빠져들게 되었음을 이야기해 준다.

단 지파가 여기로 이주하다

ㅇ단

삼갈

아셀

동쪽 므낫세

납달리

갈릴리바다

스불론

드보라와 바락

엘론

△ 다볼산

아르묵강

모레산 △

기드온 잇사갈

입다

지중해

므낫세

요르단강

길르앗

얍복강

에브라임

갓

암몬

에훗

베냐민

ㅇ여리고

ㅇ기브아

단

베들레헴

삼손

입산

르우벤

룻과 나오미

유다

사해

아르논강

브엘세바 ㅇ

모압

시므온

룻과 나오미

세렛 시내

에돔

0   10   20 mi

0   10   20 km

5.5 사사들의 시대

통일 왕국 이야기

■ 하나의 왕국으로서의 이스라엘

올바른 시간에 올바른 장소에 있어 본 적이 있는가? 혹은 엉뚱한 시간에 엉뚱한 장소에 있어 본 적이 있는가? 이 질문은 하나의 성경 이야기를 대할 때 우리가 생각해 볼 수 있는 한 가지 방식이다. 이 이야기가 올바른 장소에서 일어나고 있는가, 아니면 엉뚱한 장소에서 일어나고 있는가? 이스라엘이 느슨하게 조직된 지파 연합체에서 제대로 작동하는 군주제로 정치적인 전환을 이루면서, 성경은 이 새로운 통일 왕국의 정부가 형성되는 이야기에 우리의 초점을 맞추게 한다. 그러나 우리가 약속의 땅에 초점을 맞추고 있다고 해서 이 이야기가 '올바른 장소'에서 벌어지고 있다고 받아들여서는 안 된다. 통일 왕국 이야기 역시 하나님께서 지정해 주셨던, 다시 말해 그들이 있어야 할 곳에서만 진행된 것은 아니다. 이 일련의 과정들이 잘못된 장소에서 일어났기 때문에 성경의 저자들은 이러한 군주제로의 전환이 고르지 못한 성공uneven success 이었다는 점을 우리에게 은연히 드러낸다.

이 전환의 첫 번째 이야기는 왕이 아니라 한 상자, 즉 언약궤에 초점을 맞춘다.[1] 사무엘상 전반부에서 이 예배 기구는 너무나도 중요하여 주인공으로 의인화될 정도다. 언약궤는 나무로 된 상자로 길이는 120cm가 채 되지 않았고, 너비와 높이는 70cm에 약간 못 미치는 정도의 크기였다. 언약궤의 안과 밖은 금을 입혀 놓았고 특별한 덮개로 덮여 있었는데, 그 덮개 위에는 서로 마주 보는 두 그룹cherubim이 있었다.(출 25:10-20). 어떤 면에서 언약궤는, 이스라엘을 주님의 선택받은 나라로 세우는 설립 문서라 할 수 있는 귀중한 언약 율법을 담는 용기로 사용되었지만(출 25:21), 또 다른 면에서 언약궤는 하나님 보좌의 발등상(발판, 대상 28:2; 시 99:1)의 역할도 가지고 있었다. 하나님께서는 분명 무소부재하시지만 자신의 임재를 언약궤 위에 특별한 방식으로 확립하셨고, 그곳을 하나님의 임재로 나아가는 장소로 삼으셨다(출 25:22).

이 중요한 상자가 있어야 하는 올바른 장소는 성막의 가장 거룩한 장소였다(출 26:34). 그러나 우리가 사무엘상의 대부분에서 그 상자를 발견하는 장소는 그곳이 아니다. 우선 이스라엘은 언약궤를 블레셋과의 전투 현장인 아벡Aphek으로 가지고 갔다(삼상 4:1-5). 이것은 신의 은총을 강요하려는 노골적인 시도와 다름없었고, 아주 극심한 역효과를 낳았다(지도 6.2). 주님께서는 언약궤가 전쟁에서 포획되게 하셨고, 이어지는 두 장에서 우리는 그 언약궤가 블레셋 도시인 아스돗Ashdod, 가드Gath, 에그론Ekron과 같은 전혀 엉뚱한 곳으로 이동하는 것을 보게 된다(삼상 5:1-6:12). 마침내 블레셋 사람들은 언약궤를 이스라엘 사람들에게 되돌려 보냈다. 하지만 언약궤는 성소로 돌아가지 않고, 기럇여아림으로 가서 그곳에서 20년 동안 머물렀다(삼상 7:1-2).

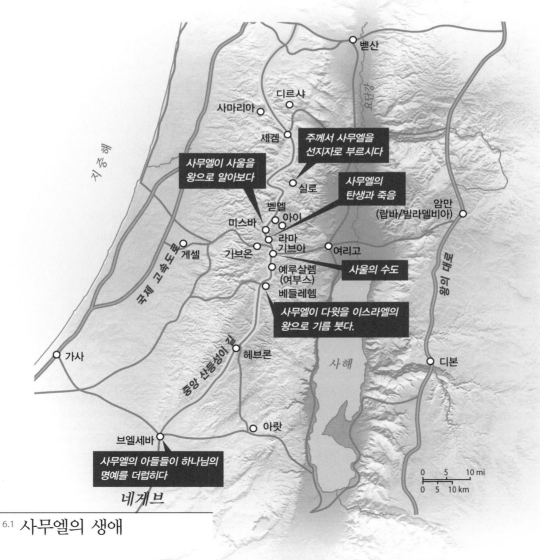

6.1 사무엘의 생애

안약궤가 있었던 성소가 거룩하지 못한 곳이었기 때문에 언약궤는 계속적으로 엉뚱한 장소에 있게 되었다. 대제사장 엘리는 한나를 술 취한 것으로 생각하며 그녀를 비난했지만(삼상 1:14), 사실 진짜 문제는 그의 아들들인 홉니와 비느하스였다. 그들은 사악한 악당들wicked scoundrels이었다. 그들은 주님께 드리는 예배를 경멸스럽게 대했고 회막 문에서 수종드는 여인들과 불법적인 성관계를 가졌다(삼상 2:12-17, 22, 25). 이곳은 언약궤를 위한 장소가 아니었다. 그리고 이러한 시대의 징표로서 언약궤는 솔로몬 시대까지 성소에서 분리된 상태로 있었다.

이 시대에 주님의 말씀을 듣는 유일한 사람은 사무엘뿐이었다(삼상 3:10). 사무엘은 이스라엘이 자신들의 잘못을 깨닫도록 인도했고, 결과적으로 이스라엘 공동체가 주님께 다시 헌신하게 했다. 그러나 "여호와께서 여기까지 우리를 도우셨다"(삼상 7:12)는 말은 곧 "우리에게 왕을 주어 우리를 다스리게 하라"(삼상 8:6)라는 말로 바뀌었다. 비록 주님께서는 이스라엘을 군주국으로 바꾸실 것이라는 뜻을 품고 계셨지만(신 17:14-20), 하나님의 백성들을 다스릴 왕은 아주 특별해야 했다. 이스라엘의 왕은 나라를 돌보는 겸손한 자로서, 하나님께서 택하신 백성에게 주신 거룩한 사명과 언약

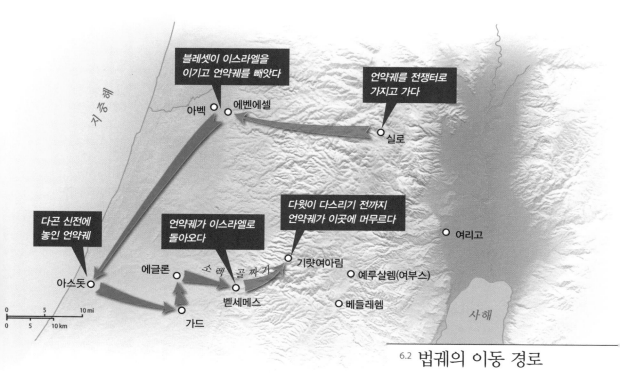

6.2 법궤의 이동 경로

을 지속시키는 사람이어야 했다. 더욱이 그는 영원한 왕국을 다스릴 메시아적 왕의 통치를 본받아야 했다(삼하 7:16). 그러나 이스라엘은 이러한 요건들은 안중에 없었다. 그들은 그저 "다른 나라들같이" 자기들 앞에 서서 자신들의 "싸움을 싸워" 줄 그런 왕을 원했다(삼상 8:19-20).[2]

아이러니하게도 이스라엘 백성들이 얻은 응답은 그들의 첫 번째 왕 사울이었다. 언약궤 이야기에서처럼 사울의 이야기에서도 그는 엉뚱한 장소에서 발견된다. 사울의 대관식이 치러지던 날에도, 사울은 짐 보따리들 사이에 숨어 있었다(삼상 10:22). 이것은 전장에서 백성들을 이끌 왕이 되려는 자에게는 정말 어울리지 않은 장소였고, 특히나 당시는 싸워야 할 전투가 많았기 때문에 더욱 그러했다. 블레셋인들은 계속해서 약속의 땅의 산악 내륙 지역을 침범했다. 블레셋 사람들은 성소 도시인 실로를 파괴했고(시 78:60-64; 렘 7:12-14), 베냐민 지파에게 주어진 중요한 수송로를 침공했다(삼상 7:7). 약속의 땅으로 들어가는 동쪽 진입로를 보호하기로 되어 있는 암몬 사람들은 요단강 근처에 있는 한 이스라엘 도시를 향해 진군하여 그곳을 포위했다(삼상 11:1). "짐 보따리들 사이에" 있던 왕은 이스라엘이 필요로 했던 왕이 아니었다.

숨어 있던 사울이 모습을 보였을 때 사람들은 그가 그렇게 하지 않았다면 더 좋

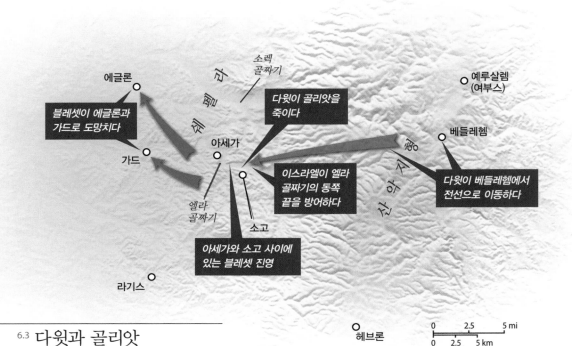

6.3 **다윗과 골리앗**

앗을 것이라 생각했다. 왜냐하면 상황이 그리 나아지지 않았기 때문이다. 블레셋 사람들은 계속적으로 이스라엘 내부를 압박했다. 우리는 믹마스Mikmash라고 하는 아주 중요한 장소에서 블레셋 사람들을 보게 된다. 이곳은 사울이 2천 명의 군인들을 데리고 본인이 직접 방어에 나섰을 정도로(삼상 13:2) 이스라엘 내부 치안과 무역에 있어서 핵심적인 장소였다. 하지만 블레셋은 사울의 군대를 쫓아냈고, 사울 왕국의 중심부를 관통하는 세 가지 방향에서 급습하기 시작했다(삼상 13:16-18). 보다 남쪽으로는 블레셋 사람들이 엘라Elah 골짜기를 침공했는데, 이곳은 주요 농업 지역이자 사울 왕국의 모든 남쪽 도시에 접근할 수 있는 교통의 요지였다. 그리고 북쪽에서는 블레셋 사람들이 이스르엘 골짜기에 진을 쳤는데, 이곳은 동서로 나 있는 회랑지대로, 국제 고속도로가 놓여 있었다(삼상 28:4; 29:1).

그러면 블레셋의 공격이 있었던 이 시기에 사울은 어디에 있었는가? 그는 언제나 엉뚱한 장소에 있었다! 사울은 기브아 근처에 있는 석류나무 밑에 앉아 있었고(삼상 14:2), 엘라 골짜기에서 벽에 등을 대고 꼼짝하지 않고 있었으며(삼상 17:1-3), 광야에서 다윗을 쫓고 있었고(삼상 23-26장), 엔돌Endor에 있는 신접한 여인을 방문했다(삼상 28:7-8). 사울은 아주 끈덕지게 엉뚱한 시간에 엉뚱한 장소에 있었다. 이것은 군주제로의 전환이 제대로 이루어지지 않고 있음을 말해 주는 신호였다.

6.4 사울의 마지막 전투

주님께서는 그의 마음에 맞는 사람이 될 대체자를 찾으셨다(삼상 13:14). 다윗이 바로 그 사람이었고, 그는 사울과는 반대로 항상 올바른 자리에 있는 사람이었다. 블레셋이 엘라 계곡을 침공했을 때 다윗은 그들을 몰아냈다(삼상 17:51-53). 블레셋을 상대로 한 다윗의 계속되는 성공은 사울의 질투심을 불러일으켰고, 사울은 여러 차례 다윗을 죽이려고 했다.

다윗은 주님께서 기름 부으신 자와 싸우기보다는 오히려 광야로 도망쳤다. 광야는 살기 혹독한 곳이었지만, 다윗이 있어야 할 올바른 장소였다. 주님께서는 광야의 생태계를 사용하셔서 다윗을 겸비하게 하셨고 그를 시험하시며 가르치셨다. 마치 이스라엘이 40년간 광야를 헤맸을 때처럼 말이다(이 책 66-69쪽을 보라-편집 주). 그 결과 그는 하나님을 의지하고 신뢰하는 사람이 되어 갔다(신 8:2-3을 보라). 다윗은 광야에서 두 번이나 사울의 목숨을 해하지 않았고(삼상 24장과 26장), 그 후에 블레셋 도시인 가드로 피신했다(삼상 27:3). 이곳은 분명 미래에 이스라엘의 왕이 될 사람이 있기에는 엉뚱한 장소인 것처럼 보인다. 하지만 후에 올바른 장소임이 입증되었다. 다윗은 블레셋 조직에 충성하는 척을 하며, 블레셋 군대가 어떻게 작동하는지에 대

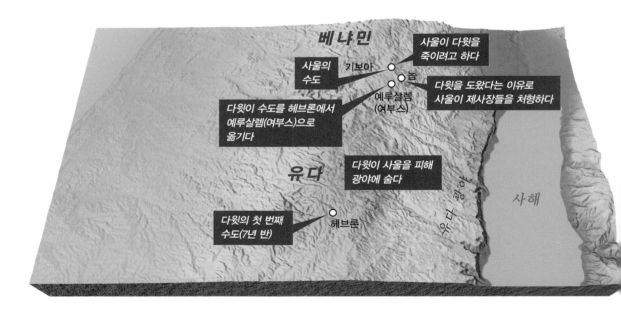

베냐민

사울의 수도

기보아

놉

사울이 다윗을 죽이려고 하다

다윗을 도왔다는 이유로 사울이 제사장들을 처형하다

예루살렘 (여부스)

다윗이 수도를 헤브론에서 예루살렘(여부스)으로 옮기다

유다

다윗이 사울을 피해 광야에 숨다

유다 광야

사해

다윗의 첫 번째 수도(7년 반)

헤브론

6.5 **다윗, 광야 도망자에서 이스라엘의 왕이 되기까지**

한 귀중한 정보를 모았다. 그리고 후에 다윗은 그 정보를 사용해서 블레셋을 자신의 왕국의 산악 내륙 지역에서 몰아냈고(삼하 5:17-25), 심지어 가드를 사로잡기까지 했다(대상 18:1).

무엇보다 다윗과 관련해서 가장 눈에 띄는 지리적 확언은 예루살렘에 관한 것

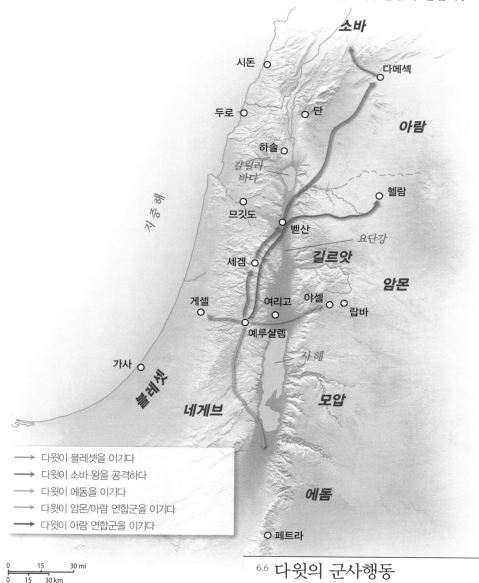

6.6 **다윗의 군사행동**

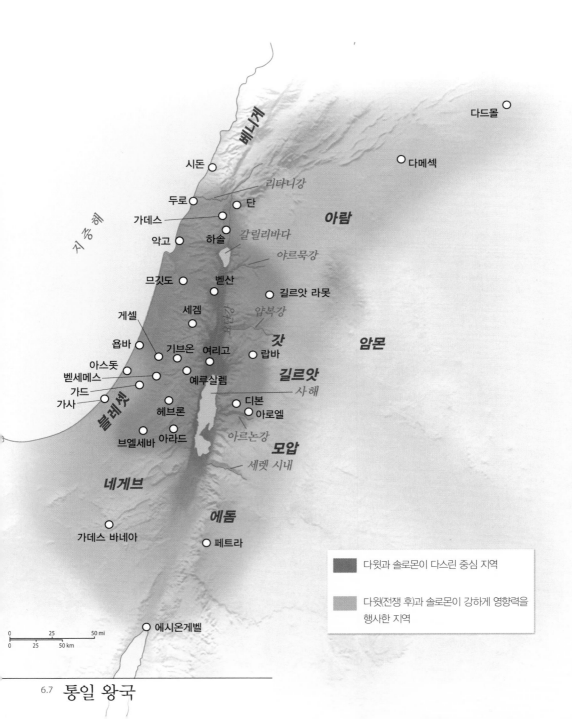

다드몰

다메섹

베니게

시돈

두로 · 단
가데스 · 리타니강
악고 · 하솔 · 갈릴리바다

아람

므깃도 · 벧산 · 야르묵강

길르앗 라못

게셀 · 세겜

갓

암몬

욥바
아스돗 · 기브온 · 여리고 · 랍바
벧세메스 · 가드 · 길르앗
가사 · 블레셋 · 예루살렘 · 사 해

지중해

헤브론 · 디본
아로엘

브엘세바 · 아라드 · 아르논강

네게브 · 모압
세렛 시내

에돔

가데스 바네아 · 페트라

0 25 50 mi
0 25 50 km

에시온게벨

다윗과 솔로몬이 다스린 중심 지역

다윗(전쟁 후)과 솔로몬이 강하게 영향력을
행사한 지역

6.7 **통일 왕국**

이다. 주님께서는 거룩한 땅 안에서도 예루살렘을 거룩한 도성으로 택하셨다(시 132:13-14). 그러나 여호수아 시대부터 거의 4백 년 동안 예루살렘(또는 그 당시에 알려진 대로 여부스Jebus)은 이스라엘이 아닌 자들의 지배 아래 있었다. 그것이 다윗과 함께 바뀌었다. 다윗은 여부스 족속을 패배시켰고, 그곳을 다윗성이라 새롭게 명명하며, 수도로 삼았다(삼하 5:6-10).

그리고 다윗은 언약궤를 수도로 가져오면서 그의 백성들의 정치와 종교의 세계를 한데 연결시키는 중요한 걸음을 내디뎠다(삼하 6장). 비록 다윗이 주님의 성전을 짓지는 못했지만, 그는 성전이 지어질 장소를 획득했고 그곳에 첫 제단을 쌓았다(삼하 24:24-25). 언약궤와 왕국은 그들이 있어야 할 곳에 점점 더 가까워지고 있었다. 즉, 구속 이야기가 훨씬 더 나은 방향으로 나아가고 있다는 것을 보여 주는 신호로서 지리가 한몫을 감당하고 있는 것이다.

이러한 내용은 우리를 다윗의 아들이자 통일 왕국의 마지막 통치자인 솔로몬에게로 데려간다. 솔로몬의 생애 초반은 지리적으로 볼 때 상당히 고무적이다. 솔로몬은 왕관을 받은 후에 성막과 큰 제단이 있는 기브온Gibeon으로 예배를 드리러 갔다(왕상 3:4; 대하 1:3-5). 솔로몬이 기브온에 있는 동안, 주님께서는 꿈에 그에게 나타나셔서 원하는 것은 무엇이든지 구하라 하셨다. 솔로몬은 젊음과 무경험이 자신의 통치를 위태롭게 할 수 있음을 인지하고서 지혜를 구했고 그것을 받았다(왕상 3:7-9). 솔로몬은 그 지혜를 사용해서 아브라함에게 약속된 땅의 전체 범위에 이르는 왕국을 다스렸다(창 15:18; 왕상 4:21을 참조하라).

부가 솔로몬 왕국으로 쏟아져 들어왔다. 왜냐하면 솔로몬이 이스라엘의 왕들 가운데 지중해에서 요단강 양쪽에 있는 아라비아 사막에 이르는 경제 여행 회랑 지대 전체를 다스리는 최초의 왕이었기 때문이다(왕상 4:20-28; 10:14-29).[3] 솔로몬은 예루살렘을 한 단계 더 발전시켰다. 그곳은 이미 경제적으로 번창하고 있었고, 영적으로도 진보 일로에 서 있었다. 솔로몬은 예루살렘에 주님을 위해 성전을 세웠고, 언약궤를 그 성전으로 옮겨 놓았다. 성전이 봉헌되었을 때, 솔로몬은 우리가 구약 전체에서 보게 되는 가장 감동적인 기도들 중에 하나를 드린다(왕하 5-8장). 이 이야기에 나오는 모든 지리적인 내용은 군주제로의 전환이 얼마나 잘 진행되고 있는지를 분명하게 해 준다.

그러나 솔로몬의 이야기에 계속 등장하면서 이스라엘의 운명에 반전을 예고하는 한 가지 예외가 있다. "(솔로몬이) 모압의 가증한 그모스를 위하여 예루살렘 앞 산에 산당을 지었고 또 암몬 자손의 가증한 몰록을 위하여 그와 같이 하였으며 그가 또 그의 이방 여인들을 위하여 다 그와 같이 한지라 그들이 자기의 신들에게 분향하며 제사하였더라"(왕상 11:7-8). 거룩한 도성에 대한 이와 같은 죄악들로 인해 주님은 당신의 구원 계획의 지리적 서사를 또다시 극적으로 전환하셔야만 했다.

사울이 죽고 나서 일어난 내전의 결과로 다윗은 여부스 성을 점령하고 그 성의 급수 시설을 점유하게 되었다. 그리고 이 성은 다윗성 또는 예루살렘성으로 알려진 이스라엘의 수도가 되었다.

1 다윗 왕궁
2 수원 탑(기혼 샘)
3 웅덩이 탑
4 중앙 골짜기
5 기드론 시내
6 미래의 성전 부지

SHAUN VENISH '15

6.8 다윗의 예루살렘

솔로몬은 다윗성 가까이에 있는 북쪽 산등성이까지 예루살렘을 확장시켰고, 이로 인해 이스라엘의 수도는 크기가 두 배 이상 커졌다.

1 다윗 왕궁
2 수원 탑(기혼 샘)
3 웅덩이 탑
4 솔로몬의 궁전들
5 성전
6 중앙 골짜기
7 기드론 시내

6.9 **솔로몬의 예루살렘**

솔로몬은 주님을 위해서 예루살렘에 초기 성막과 같은 평면도, 예배 기구, 의식을 갖춘 성전을 지었다(왕상 5-7장). 성막은 이동식 천막이었던 반면에, 성전은 돌로 만들어진 영구 구조물이었다(길이 27.36m, 너비 9.12m).

1 번제단 (길이와 너비 9.12m, 높이 4.56m) 이 큰 제단은 솔로몬 성전 앞에 있었고 이스라엘 예배의 중심이었다. 이 번제단에는 습기와 피가 빠져나갈 수 있도록 중심에 돌과 흙으로 채워진 움푹 들어간 부분이 있었다.

2 바다 (직경 4.56m) 바다는 놋쇠로 만든 열두 마리의 황소가 받치고 있었다.
3 놋기둥 (각각 높이 10.5m 이상) 이 기둥들은 야긴("그가 일으켜 세우신다")과 보아스 ("그의 안에 힘이 있다")라고 이름 지어졌다.
4 진설병 상
5 등잔대
6 분향단
7 성소
8 지성소
9 언약궤
10 다락

6.10 **솔로몬 성전**

분열 왕국 이야기

■ 두 개의 왕국으로서의 이스라엘

무언가 아주 심각하게 잘못되었다는 것을 말하고 있는 지도를 보라(지도 7.2) 하나의 수도를 가진 하나의 왕국이 이제는 두 개의 수도를 가진 두 개의 왕국이 되었다. 성경의 이야기에서 분열 왕국 시대로 알려진 이 부분은 몇 가지 이유로 읽기가 고약하다. 이 부분의 이야기는 우리에게 덜 친숙하고 더 복잡하며 실망스럽기까지 하다. 이 이야기는 신성한 장소들이 무시되고, 오용되고, 대체되는 방식에서 나타난 불행한 역전에 대한 이야기이다.

이스라엘이 광야를 떠나 약속의 땅에 들어간 후로 구속 계획이 얼마나 많이 진척되어 왔는지를 생각해 보라. 한때 이스라엘이 아닌 자들의 손아귀에 있었던 가나안은 여호수아 때에 이스라엘에 의해서 정복당했고, 이스라엘은 가나안에 정착했다. 그리고 이스라엘은 군주제로의 전환을 이루어 냈다. 주님께서는 다윗을 이스라엘의 왕으로 세우셨고, 나아가 차례차례 지중해와 아라비아 사막 사이의 지역에 대한 이스라엘의 지배권을 확립해 가셨다. 다윗은 예루살렘을 수도로 삼았고, 자신의 가문이 이스라엘을 통치하는 왕조가 될 것이라는 약속을 받았다. 게다가 주님께서는 다윗에게 그의 후손들 중에 하나가 죄로부터 구원하는 자가 될 것이라고 약속해 주셨다. 솔로몬은 예루살렘에 성전을 지었고, 언약궤를 그것이 있어야 할 적절한 장소로 되돌려 놓았다. 확실히, 여러 실수들에 의해서 이 전진 운동이 방해를 받는 순간들이 있기는 했지만, 결코 이 이야기를 처음 시작했던 곳으로 물러서게 만들지는 않았다.

그러나 분열 왕국 시대에는 우려했던 바로 그 일이 일어났다. 단일한 왕국이었던 이스라엘이 두 왕국—이스라엘이라는 옛 이름을 유지한 북왕국과 유다로 불리는 남왕국—으로 나뉘면서 그러한 역전이 시작되었다. 이스라엘 지도의 변화는 정치의 변화를 반영했다. 이제 이 땅을 다스리는 왕은 두 명이 되었고, 그 둘 중에 다윗 왕의 후손은 한 명뿐이었다. 이 두 왕은 두 개의 수도에서 각각 다스렸다. 예루살렘은 남왕국의 수도로 남아 있었고, 북왕국의 수도는 세겜에서 디르사Tirzah로, 그리고 사마리아Samaria로 옮겨 갔다.

　통일왕국이 아람, 암몬, 모압, 에돔, 블레셋과 같은 나라들에 행사했던 지역 통제력은 이제 사라져 버렸다.[1] 그리고 이와 더불어, 앗수르나 바벨론 같은 외부 제국들이 침입하여 꾸준했던 무역과 공물 수입을 자기들의 것으로 만들자 그 수입으로 발생했던 부wealth가 말라 버렸다. 결국, 약속의 땅은 여호수아가 정복하기 이전의 모습으로

7.1 세겜에서의 분열

되돌아가 버렸고, 이스라엘은 이스라엘이 아닌 사람들의 지배 아래 놓이게 되었다. 우리는 시작했던 곳으로 되돌아간 것이다(즉, 역전이 일어난 것이다—역주).

이러한 극적인 운명의 역전은 역사와 신학을 통해 설명될 수 있다. 고대 세계의 제국들이 혼란 가운데 있으면서 자국의 경계를 넘어 권력을 행사할 수 없었던 시대에, 통일 왕국 이스라엘은 국경을 넓혔다. 그러나 두 메소포타미아 제국의 이름이 성경 지면에 등장하는 분열 왕국 시기에는 이 판도에 변화가 생겼다. 두 나라는 바로 앗수르Assyria와 바벨론Babylon이다. 두 나라 모두 매우 정교한 군사 기술과 전력을 갖춘 상비군을 소유하고 있었다. 게다가 이 두 나라는 자국이 소유한 그 군대와 지속적인 정치력을 유지하기 위한 부wealth에 매우 목말라 있었다. 그래서 그들은 주변 나라를 가끔씩 급습해서 자금을 모으는 것보다, 자기들의 제국을 확장하면서 그 정복한 나라들로부터 꾸준한 수입이 이어지도록 대규모 군사 행동을 감행하는 것을 택했다. 약속의 땅에서도 바로 그 일이 시행된 것이다. 지구상에서 수익 창출을 위해 이만큼 독특한 위치를 점하고 있는 곳도 드물었다. 이곳에서는 지중해에서 아라비아 사막으로 가는 여행 선택권을 통제할 수 있었고, 두 지역을 연결하는 가교로서 무역이 이루어지는 장이었으며, 관세까지 거둬들일 수 있었다.

그러나 이렇게 두 왕국으로 분리된 것은 궁극적으로 그들 스스로가 자초한 영적인 상처 때문이었다. 하나님의 백성들은 주님께 대한 충성을 저버렸다. 열왕기하 17:7-17은 북왕국이 어떻게 바알과 다른 이방 신들에 대한 애착을 발전시켰는지를 보여 준다.[2] "(이스라엘 자손이) 그 하나님 여호와께 죄를 범하고 또 다른 신들을 경외하며 여호와께서 이스라엘 자손 앞에서 쫓아내신 이방 사람의 규례와 이스라엘 여러 왕이 세운 율례를 행하였음이라"(왕하 17:7b-8). 남왕국도 이 행위를 그대로 따랐다. 솔로몬과 함께 배교apostasy가 시작되었고, 그의 아들 르호보암에게 계속 이어졌다(왕상 14:23-24). 주님께서는 이스라엘을 향해 자기 파괴적인 길을 떠나 자신에게로 돌아오라고 부르셨다. 그들은 그렇게 하지 않았고, 결국 그들은 "회복할 수 없게" 되었다(대하 36:15-16).[3]

우리는 이스라엘의 영적 종말을 지리적으로 추적할 수 있는데, 그 출발지는 바로 세겜이다(지도 7.1). 세겜은 하나님의 백성들을 위한 첫 번째 종교 중심지로서 중요한 의미를 가진다. 이곳에서 아브라함은 가나안이 약속의 땅이었다는 사실을 알게 되었

시돈

다메섹

두로

단

베니게

하솔

아람

악고

갈릴리
바다

돌

지중해

므깃도

다아낙 이스르엘

벧산

길르앗 라못

요단강

이스라엘

사마리아

디르샤

세겜

암몬

아벡

욥바

소라

벧엘

가드모레셋

게셀

믹마스

라마

랍바

에글론

예루살렘

헤스본

아스돗

가드

아세가

베들레헴

아스글론

소고

아둘람

라기스

벧술

가사

블레셋

아도라임

헤브론
십

디본

사해

유다

아랏

모압

브엘세바

에돔

가데스바네아

보스라

0　　　10　　　20 mi
0　　10　　20 km

7.2 분열 왕국

다(창 12:6-7). 여호수아 시대에는 세겜이 모세 언약과 관련해서 두 번의 재헌신 의식을 치렀던 배경이었다(수 8:30-35; 24:1-28). 이러한 과거의 사건들이나, 이스라엘이 하나님의 선택받은 백성이라는 특별한 소명의식이 세겜 이야기에 반영되지 않는다는 것은 상상할 수도 없는 일이다.

그러나 솔로몬이 죽은 후에, 북이스라엘 사람들이 르호보암을 만나 다윗 가문과 예루살렘에 대한 지속적인 충성의 조건에 대해서 논의하려고 했을 때, 바로 그 상상도 할 수 없는 일이 일어났다(왕상 12:11-17). 그들 사이에 이루어진 대화는 왕이신 주님을 향한 충성보다는 주로 세금, 강제적인 공무, 인간 왕들을 향한 충성에 관한 것이었다.[4] 주님에 대한 어떠한 언급도 없었던 이 대화는 이 거룩한 장소와도 어울리지 않는 것이었다. 그리고 이제 한 충격적인 이야기가 세겜의 희망적인 이야기 속으로 들어오게 되는데, 그것은 그 세겜이 이제 왕국이 분열하는 장소가 된다는 것이다(지도 7.2).

벧엘과 단의 도시들은 재빨리 세겜에 합류했고, 이것은 이 땅에 불고 있는 신앙적 바람theological winds의 방향을 드러내 주었다. 주님께서는 당신의 선택받은 백성이 정치적으로 나뉘게 되는 것을 허락하셨지만, 그것은 그분이 허락하신 유일한 변화일 뿐이었다(왕상 11:29-39). 이스라엘과 유다의 시민들은 계속해서 예루살렘에서 주님을 경배해야 했고, 하나님의 구원 계획을 진행시키는 데에도 변함없이 함께 참여해야 했다. 그러나 북왕국의 첫 번째 왕인 여로보암에게 이것은 심각한 문제였다. 여로보암의 관심에는 예루살렘에 갔다가 왕국을 재통일하자고 나설지도 모르는 소수의 예배자들nominal worshipers of the Lord만이 아니라, 주님이나 예루살렘에는 전혀 관심이 없는 가나안 백성들도 들어 있었다.

이에 대한 여로보암의 해결책은 기발하면서도 악마적이었다. 여로보암은 주님의 이름과 바알(금송아지)을 섞은 혼합 종교를 만들어 냈다. 이 새로운 국가 종교는 그의 다양한 백성들을 하나로 통합시킬 것이었다. 여로보암은 사람들을 예루살렘에서 멀어지게 하려고 두 곳에 성소를 세웠는데, 하나는 북쪽 경계에 있는 단에 세웠고, 다른 하나는 남쪽 경계에 있는 벧엘에 세웠다(왕상 12:25-33). 이것이 바로 여로보암의 죄다. 이 죄는 북왕국의 역사 내내 계속되었고 북왕국의 왕들은 이를 따라 평가받았다.

이스라엘의 수도인 사마리아에서 아합과 이세벨은 상황을 한 단계 더 악화시켰

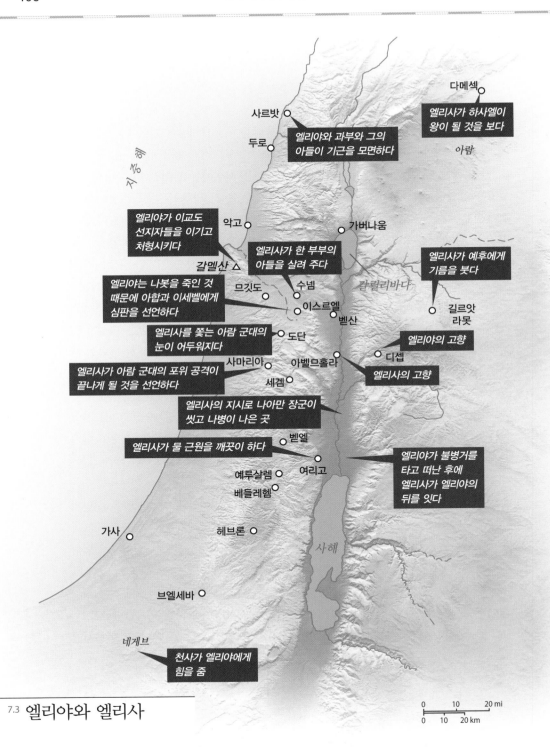

다메섹

엘리사가 하사엘이
왕이 될 것을 보다

아람

사르밧

두로

엘리야와 과부와 그의
아들이 기근을 모면하다

지중해

엘리야가 이교도
선지자들을 이기고
처형시키다

악고

가버나움

갈멜산 △

엘리사가 한 부부의
아들을 살려 주다

엘리사가 예후에게
기름을 붓다

갈릴리바다

므깃도

수넴

엘리야는 나봇을 죽인 것
때문에 아합과 이세벨에게
심판을 선언하다

이스르엘

벧산

길르앗
라못

엘리사를 쫓는 아람 군대의
눈이 어두워지다

도단

엘리야의 고향

사마리아

아벨므홀라

디셉

엘리사가 아람 군대의 포위 공격이
끝나게 될 것을 선언하다

세겜

엘리사의 고향

엘리사의 지시로 나아만 장군이
씻고 나병이 나은 곳

엘리사가 물 근원을 깨끗이 하다

벧엘

엘리야가 불병거를
타고 떠난 후에
엘리사가 엘리야의
뒤를 잇다

예루살렘

여리고

베들레헴

가사

헤브론

사해

브엘세바

네게브

천사가 엘리야에게
힘을 줌

0   10   20 mi

0   10   20 km

7.3 엘리야와 엘리사

다. 이 왕과 여왕은 페니키아 사람들Phoenicians의 성공이 바알 숭배와 관련되어 있다고 여겼다. 그 결과, 그들은 주님의 선지자들을 없애고, 사마리아에 바알을 위한 성전을 지었다(왕상 16:30-33). 여로보암이 벧엘과 단에 혼합 종교를 세웠던 것과 이방신의 성전을 수도에 세우는 것은 아예 다른 차원이었다. 이것은 여호와가 아니라 바알이 나라의 신이라는 것을 나타내는 움직임이었다.

이러한 모든 배교의 증거가 북쪽에서 나타나는 것을 보면서 우리는 예루살렘이 이러한 영향을 받지 않기를 바란다. 그러나 그곳에서도 주님께 대한 충성심이 약화되었고, 사람들이 이교도의 세계관에 동화되었다. 아하스Ahaz 왕은 앞선 왕인 르호보암과 마찬가지로 주님의 언약에 대한 충성보다는 자신의 정치적 현안을 앞세웠다. 유다의 이 왕은 가능한 모든 이교도 의식을 채택했다(왕하 16:2-4). 그리고 아람이 북왕국과 동맹을 맺고 예루살렘을 공격했을 때, 아하스는 앗수르의 도움에 대한 보상을 치르기 위해 솔로몬 성전에서 금을 반출하기도 했다. 그 후 아하스는 이교도 예배 물품들을 신성한 지역으로 들여와 앗수르의 환심을 샀다(왕하 16:7-19). 세상에서 가장 거룩한 도시인 예루살렘은 더럽혀질 대로 더럽혀졌다.

분열 왕국 이야기에도 희망의 불빛이 보였던 순간들과 장소들이 있었다. 아합과

7.4 예후의 숙청

이세벨이 사마리아에 바알을 위한 성전을 세웠을 때, 주님은 극심한 기근을 보내셨는데, 이는 바알과 주님의 대결에서 절정으로 치달았다. 주님과 바알은 모두 3년 기근을 끝내기 위해 비를 내릴 수 있는 능력이 있다고 주장했다. 엘리야 선지자들을 갈멜산으로 초대해 만나면서 최후의 결전을 시작했다(지도 7.3). 갈멜산에 있는 바알의 성소는 비가 많이 내리는 장소에 있었기 때문에 추종자들은 바알이 그곳에서 특히나 더 능력이 있다고 믿었다.[5] 그러나 비의 신이 홈그라운드의 이점을 가지고 있을 것으로 기대된 그 장소에서 주님께서는 하늘로부터 불을 내리셔서 아직 태우지 않은 희생 제물에 불을 붙이심으로써 자신이 유일하신 참 하나님이심을 증명하셨다. 이 싸움에서 주님께서 승리하시자, 사람들은 소리쳤다. "여호와, 그는 하나님이시로다! 여호와, 그는 하나님이시로다!"(왕상 18:39).

  이것은 아합과 이세벨, 그리고 바알에게 큰 좌절은 안긴 것은 분명했지만, 그들을

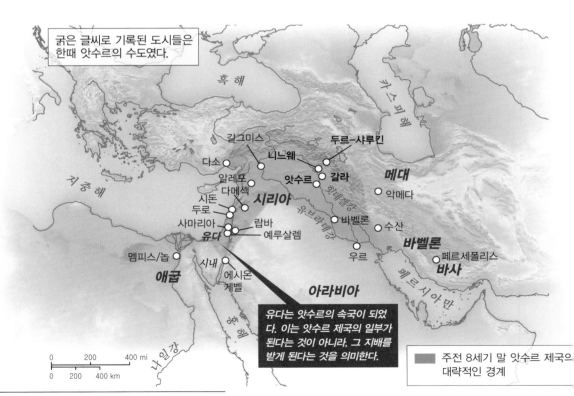

굵은 글씨로 기록된 도시들은 한때 앗수르의 수도였다.

흑해

카스피 해

갈그미스

두르-샤루킨

다소

니느웨

메대

알레포

앗수르

갈라

다메섹

시리아

악메다

시돈

두로

사마리아

랍바

바벨론

수산

유다

예루살렘

바벨론

멤피스/놉

우르

페르세폴리스

애굽

시내

바사

에시온
게벨

아라비아

유다는 앗수르의 속국이 되었다. 이는 앗수르 제국의 일부가 된다는 것이 아니라, 그 지배를 받게 된다는 것을 의미한다.

나일강

주전 8세기 말 앗수르 제국의 대략적인 경계

| 0 | 200 | 400 mi |
| 0 | 200 | 400 km |

7.5 **앗수르 제국**

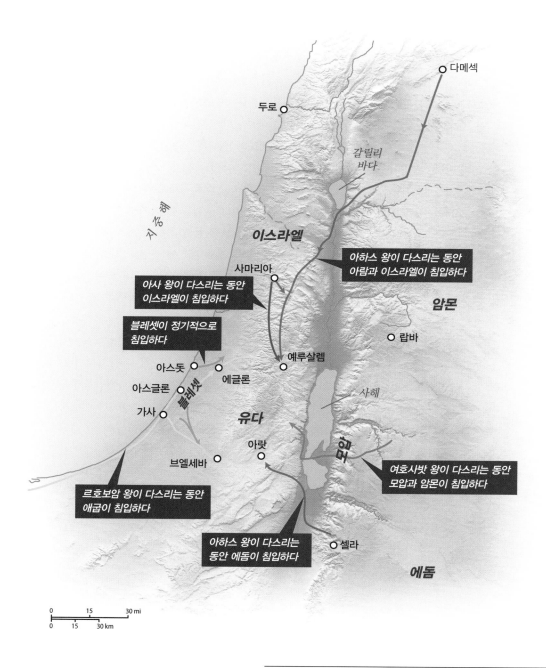

7.6 **남왕국의 충돌**

완전히 패배시킨 것은 아니었다. 다음 희망의 순간은 예후가 부상하면서 찾아왔다(지도 7.4). 주님께서는 이 사람에게 바알을 사랑하는 아합 가문을 멸하라는 임무를 주셨다(왕하 9:14-10:17). 예후는 그 왕실 가문을 모두 처형한 후, 그 시선을 사마리아에 있는 바알 신전으로 돌렸다. 예후가 임무를 완수했을 때, 바알을 섬기던 제사장들은 죽었고 파괴된 신전은 공중 화장실이 되어 있었다(왕하 10:18-33).

또 다른 희망적인 장면은 히스기야 왕이 예루살렘 성전에서 이교의 영향을 제거하고 그 거룩한 장소가 다시 주님께서 원래 의도하셨던 대로 기능할 수 있도록 보수하고 정화하는 장면이다(대하 29:1-19). 비록 히스기야의 아들 므낫세가 이 회복과 재헌신을 망쳐 버렸지만, 요시아가 다시 성전을 정화하고 회복시켰다. 이 과정에서 오랫동안 방치됐던 토라 사본이 발견되었다. 이 사건은 이스라엘을 향한 주님의 계획과 주님을 향한 이스라엘의 충성심이 다시 활발해지도록 불을 붙였다(왕하 22:1-23:25).

그러나 결과적으로, 점점 더 나빠지는 이 상황을 끊어 내기에 충분한 사건은 일어나지 않았다. 주님께서는 다음과 같이 지리적인 결론을 선포하셨다. "내가 이스라엘을 물리친 것 같이 유다도 내 앞에서 물리치며 내가 택한 이 성 예루살렘과 내 이름을 거기에 두리라 한 이 성전을 버리리라"(왕하 23:27).

예루살렘과 마찬가지로 여리고도 비통한 역전의 상징으로 나타난다. 여리고는 이스라엘이 요단강을 건너 가나안 정복을 시작한 곳이다(여호수아 6장). 유다의 마지막 왕인 시드기야도 여리고에 갔는데, 바벨론 군대가 거룩한 성을 파괴하자 예루살렘을 버리고 도망한 곳이 바로 여리고였다. 지리의 위력을 생각해 보라. 여호수아가 이스라엘을 이끌어 약속의 땅으로 들어가게 한 바로 그 장소에서, 바벨론 사람들이 이 다윗의 후손을 붙잡아 약속의 땅에서 추방했다(왕하 25:5). 신성한 공간들이 무시되고 오용되고 대체될 때, 이 장소들은 우리가 따라온 이야기들을 한꺼번에 뒤엎어 버리고 만다. 여호수아 시대 이후의 모든 지리적 진전들 말이다.

히스기야는 중앙 계곡을 가로질러 힌놈의 골짜기 위에 뚜렷하게 윤곽을 드러내는 산등성이까지 예루살렘을 서쪽으로 확장했다.

1 다윗 왕궁
2 수원 탑(기혼 샘)
3 웅덩이 탑
4 실로암 못
5 성전
6 중앙 계곡
7 기드론 시내
8 힌놈의 골짜기

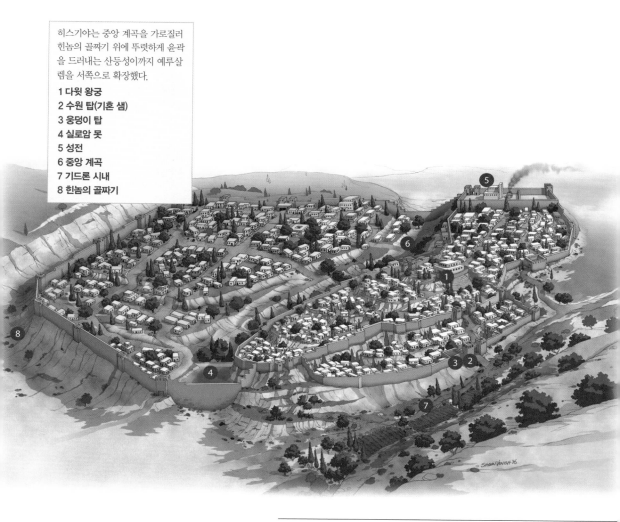

7.7 히스기야의 예루살렘

유배와 귀환 이야기

8

■ 약속의 땅에서의 추방

공포. 충격. 두려움. 혼란. 이러한 단어들은 이스라엘이 약속의 땅에서 추방당한 흔적을 정확히 담아내는 말이다. 이 시대에는 강력한 고대 근동의 제국들이 침략해서 하나님의 선택받은 백성들을 학살하고 패배시키고 결국에는 강제로 추방함으로써, 하나님의 구원 계획이 지리적 선로를 이탈하게 되는 것을 보게 된다. 이것은 주님에 대한 심각한 질문을 제기하는, 상상조차 하기 어려운 사건 전환이면서 동시에 세상의 영적인 안녕well-being이라는 것이 얼마나 불확실한 것인지 일깨워 주는 사건이었다. 구원 이야기 가운데 어떤 순간에도 우리의 운명이 이토록 위태로워 보인 적은 없었다.

이스라엘과 유다 두 왕국은 각기 다른 제국에 의해 정복당했다. 권력에 굶주린 앗수르는 자신의 세력을 지중해 동부 해안까지 확장한 최초의 제국이었다. 주전 841과 725년 사이에, 앗수르는 자그마치 다섯 번이나 이 지역에서 전투를 벌였다. 주전 733년에 있었던 전투 이후에, 디글랏 빌레셀 3세Tiglath-Pileser III는 갈릴리와 길르앗, 그리고 납달리와 요단 동편 지역에서 이스라엘 사람들을 내쫓았다(왕하 15:29; 대상 5:26). 두 번째 추방은 주전 722년에 있었던 사마리아의 포위와 함락에 이어서 발생했다(왕하 17:1-6). 부활한 바벨론이 권력을 잡기 전까지는 아무도 이 위협적인 집단에 저항할 수 없을 것처럼 보였다(지도 8.1).

바벨론은 갈그미스Carchemish 전투(주전 605년)에서 앗수르에게 치명상을 입힌 후에 약속의 땅이 갖는 육교land bridge, 2장 참조로서의 가치에 주목하기 시작했다. 또다시 침략과 초토화, 그리고 추방이 이어졌다(지도 8.3). 성경은 주전 605년과 586년 사이에 유다에 대한 세 번의 추방을 기록한다(왕하 24:13-17; 25:11-12; 단 1:1-5).[1] 포로로 끌려간 많은 사람들이 돌아오지 못했다. 돌아오게 된 자들도 70년이 지나서야 비로소 돌아올 수 있었다(렘 25:12; 29:10).

이러한 사건들은 이야기의 지리적 상황을 복잡하게 만든다. 여호수아 시대 이후로 우리는 약속의 땅이라는 한정된 땅에만 초점을 맞춰 왔는데, 이제 이야기는 비옥한 초승달 지역 전체로 번져 간다.

앗수르의 추방 정책은 포로들을 출신 국가로부터 분리시키고, 그들을 다른 정복 민족들과 섞여 살게 하며 이방 지역들에 정착하게 함으로써 민족적 정체성을 허물고 귀환에 대한 소망을 말살하는 것이었다. 이러한 정책이 북왕국의 포로민들에게 정확하게 행해졌다. 앗수르는 북왕국 사람들을 비옥한 초승달 지역의 북쪽 원호圓弧 지역에 흩어 놓았다(왕하 17:6; 18:11; 대상 5:26). 성경은 북왕국 포로민들의 삶에 대해서는 자세한 설명을 하지 않는다. 아마도 그들은 새로운 지리적 환경에 동화되어서 역사의 페이지에서 사라진 것으로 보인다(지도 8.3).

앗수르는 주님을 예배하지 않을 뿐 아니라 주님을 알지도 못하는 비이스라엘 사람들을 북왕국으로 옮겨 놓는 정책을 펼쳤는데, 이로 인해 북왕국 지역의 삶 자체가 매우 복잡해져 버렸다(왕하 17:24). 북왕국으로 새롭게 들어오는 이방인들은 저마다 그들의 신들을 구원 계획의 중심지인 이 신성한 공간으로 가지고 들어왔다. 결과적으

8.1 **바벨론 제국**

로, 주님께서는 사자 공격lion attacks을 통해 자신의 불쾌감을 드러내셨다. 사자들은 본래 넓은 땅에 퍼져서 살 뿐, 도시나 성읍 안에는 없었다. 주님께서는 "사자들을 그들 가운데에 보내"셨는데(왕하 17:26), 이로 인해 앗수르는 이스라엘의 포로민들 일부를 약속의 땅으로 돌려보내어 "그 땅 신의 법을 무리에게 가르치게" 했다(왕하 17:27). 그러나 약속의 땅으로 돌아온 포로민들은 옮겨 심어진transplanted 비이스라엘 사람들의 거짓된 사상들을 바로 잡기보다는 오히려 그들과 결혼하고, 민족적, 신학적으로 섞이게 되면서, 이후 사마리아로 알려진 사회를 만들어 냈다(왕하 17:24-40).

남왕국의 포로들도 넓은 지역으로 흩어졌다. 몇몇은 믹돌Migdol과 놉(멤피스) Noph(Memphis), 다바네스Tahpanes, 엘레판티네Elephantine와 같은 이집트 도시들뿐만 아니라, 암몬, 모압, 에돔 등지로 망명을 신청함으로써 바벨론의 맹공을 피해 달아났다(왕하 25:26; 렘 40:11; 43:7; 44:1)(지도 8.1). 게다가 바벨론은 유대인들을 강제로 이주시켜 다양한 지역들에 정착시켰다(지도 8.3). 이 장면에서 성경이 언급하는 지명들 가운데 우리가 확신을 가지고 지도에 표시할 수 있는 곳은 많지 않다(대하 36:20; 스 2:59; 겔 1:1-3; 3:15; 단 1:1-5). 일반적으로 이 유대인들은 바벨론 시의 남동쪽에 있는 그발강Kebar River을 따라 정착했다.

8.2 바사 제국

바벨론과 앗수르는 포로민에 대한 정책에 있어서 매우 중요한 차이점이 있었다. 그것은 바로 포로민들에 대한 그들의 정책이다. 앗수르가 이스라엘에 했던 것처럼, 바벨론도 유다의 요새화된 도시들을 파괴하고 사회의 주요 구성원들을 포로로 끌고 갔다.[2] 그러나 바벨론은 유다 민족을 따로 떼내어 사로잡혀 온 다른 민족들과 뒤섞지 않았다. 오히려 바벨론은 유다 포로들끼리 함께 살게 했다. 그 결과, 유다 사람들은 포로기 동안 문화적이고 신학적인 혼합을 그리 많이 겪지 않았다. 그리고 유다 땅은 이교도 이방인들의 영향을 받지 않고 포로로 끌려가지 않은 가난한 자들에 의해 관리되었기 때문에(왕하 25:12), 남왕국은 외부에서 들어온 이교도 신앙으로 크게 고생하지도 않았다. 북왕국은 구원 계획을 이끌어 가는 역할에서 점차 멀어졌지만, 유다는 오히려 안식을 누린 것이 특징적이다. "땅이 칠십 년 동안 황폐하게 되어, 그 동안 누리지 못한 안식을 다 누리게 될 것이다"(새번역, 대하 36:21).

지리적으로 더 복잡해진 이 상황은 우리가 성경 이야기의 이 부분을 읽고 이해하는 데 어떤 영

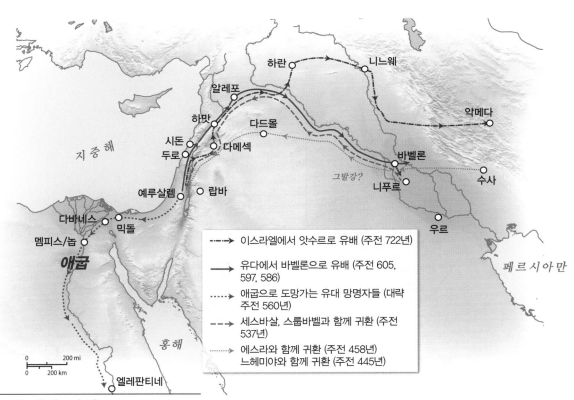

8.3 유배와 귀환

향을 미치는가? 첫째로, 하나님의 선택받은 백성을 찾기가 더 힘들어졌다는 것이다. 과거에 아브라함 가족 구성원들은 서로 헤어져 다른 장소로 간 적이 있었다. 야곱과 요셉도 둘 다 일시적으로 가족들을 떠나 하란과 애굽으로 여행을 떠났었다. 그러나 이 경우에 우리는 그들이 어디에 있었는지를 항상 알고 있었다. 하지만 이번 경우는 다르다. 이스라엘이 분리되어 고대 세계의 지정학적 지형에 흩어졌지만, 우리는 이스라엘이 어디에 있고 정확히 무엇을 하고 있는지에 대한 그림을 맞추기가 매우 어렵다. 우리의 영원한 운명이 이 나라와 관련이 있다는 사실을 고려해 볼 때, 이들의 위치를 알아내기가 그토록 어렵다는 사실은 극도로 당황스러운 일이다.

이 시대가 갖는 두 번째 불안 요소는 하나님의 선택받은 백성의 대다수가 약속의 땅으로 돌아가는 것에 대한 관심과 동력을 잃었다는 것이다. 선지자 예레미야는 포로들에게 다음과 같이 주의 명령을 전한다.

"만군의 여호와 이스라엘의 하나님께서 예루살렘에서 바벨론으로 사로잡혀 가게 한 모든 포로에게 이와 같이 말씀하시니라. 너희는 집을 짓고 거기에 살며 텃밭을 만들고 그 열매를 먹으라. 아내를 맞이하여 자녀를 낳으며 너희 아들이 아내를 맞이하며 너희 딸이 남편을 맞아 그들로 자녀를 낳게 하여 너희가 거기에서 번성하고 줄어들지 아니하게 하라. 너희는 내가 사로잡혀 가게 한 그 성읍의 평안을 구하고 그를 위하여 여호와께 기도하라. 이는 그 성읍이 평안함으로 너희도 평안할 것임이라." (렘 29:4-7)

예레미야는 한동안 정상화normalization를 촉구했다. 그런데 많은 이들이 이 정상화를 너무 지나치게 받아들이면서, 고향으로 돌아가려는 열정을 포기하는 것에 면죄부를 얻었다. 애굽과 바벨론의 지리적 여건은 그곳을 새로운 고향으로 채택하는 것에 부채질을 했다. 이 두 장소는 강을 기반으로 한 농업 체계가 잘 조성된 곳이었기 때문에 이런 곳에서 사는 것은 유대 땅에서 사는 것보다 훨씬 더 수월했다. 강수량이 적은 것은 유사했지만, 이곳에서는 약속의 땅에서처럼 심각한 문제가 되지는 않았다. 왜냐하면 거대한 수계水系, river systems를 이용해 농지에 물을 댈 수 있었기 때문이다.

언어는 이스라엘이 동화된 또 다른 요소가 되었다. 주님께서는 자기 자신을 그분의 백성들에게 히브리어로 나타내셨다. 그러나 이제 이스라엘은 아람어 방언을 채택하기 시작했다. 그래서 일상의 대화에서나 시장에서 물건을 살 때 아람어를 사용하게 되면서, 점점 이스라엘만의 고유한 정체성이 희미해져 갔다.

각종 이교의 신전들과 그들을 숭배하는 제의 활동으로 둘러싸여 있는 환경 역시 포로 중에 있는 하나님의 백성들의 영적인 삶에 영향을 주었다. 이로 인해 많은 이스라엘 포로들이 이방 신들을 섬기게 되었고, 이것은 주님께서 이스라엘을 명백히 유기하셨다는 사실과도 결부된다. 이 세상을 바로잡고자 하시는 주님의 도구인 예루살렘은 수백 킬로미터나 떨어져 있는 데다 그 성전은 파괴되었다. 많은 포로들이 그들의 독특한 정체성에 대한 감각과 그들이 받은 중요한 사명에 대한 열정을 잃어버렸고, 그 사명이 약속의 땅과 연계된 사실에 대한 이해 또한 상실했다. 그래서 약속의 땅으로 돌아갈 기회가 생겼을 때, 많은 이들이 되돌아가지 않는 것을 택했다.[3]

세 번째 이 시대의 불안한 특징은 포로들이 성경 이야기의 지리적 흐름을 역행하고 있다는 것이다. 이 이야기는 메소포타미아 지역에서 시작했다. 즉, 아브람과 사래가 우르와 하란에서 약속의 땅 중심부에 있는 세겜으로 이동하면서 이야기가 시작한 것이다. 창세기의 끝에 가서는 이야기가 애굽으로 이동했다. 출애굽과 귀환이 일어나기 전까지 이야기의 배경은 애굽이었다. 이렇게 이 이야기가 메소포타미아와 애굽으로 확대된 것은 이 이야기가 약속의 땅, 즉 우리의 지리학적 초점이 모이는 곳에 확고하게 자리매김하게 되는 바로 그때를 미리 보여 주는 것이다.

주님께서는 아브라함에게 오셔서 그의 후손들이 큰 나라가 될 것이라고 약속해 주셨다. 그 나라는 가나안 땅을 유업으로 받을 것이었다. 그리고 주님께서는 바로 그 민족으로부터, 바로 그 땅 위에, 에덴동산에서 잃어버렸던 축복을 회복시킬 구원자를 주실 것이다(창 12:1-8). 이 이야기가 가나안 땅에 이르렀을 때, 주님께는 지리적 역행 geographic reversal에 대한 구상이 전혀 없었다(신 17:16). 그런데 포로 이야기에서 우리는 바로 이 역행을 마주하게 된다. 하나님의 선택받은 백성들은 영원히 떠나왔다고 여겼던 그 땅으로 도로 돌아간다. 이것은 너무나 충격적인 전개다. 지리적 역행은 구원 이야기가 더 이상 앞으로 나아가지 못하고 뒤로 물러나게 되었음을 의미한다.

이로 인해 상당히 심각한 질문들이 떠오른다. 약속의 땅은 하나님의 구원 계획을 구성하는 복잡한 문양 속에 엮여 있었다. 약속의 땅에서 살아가는 이스라엘이 없이,

어떻게 주님께서 세상을 구원하실 수 있을까? 이러한 지리적인 역전은 주님께서 자신의 구원 계획을 완전히 버리셨다는 것을 나타내는가? 이야기가 약속의 땅에서 너무 멀어졌다는 것은 주님과 그분의 약속에 대해서 무엇을 말해 주는가?

　우리가 포로들에게서 듣는 목소리가 슬픔과 불확실성으로 가득한 것은 놀랄 일이 아니다.

슬프다 이 성이여
　　　전에는 사람들이 많더니
이제는 어찌 그리 적막하게 앉았는고
　　　전에는 열국 중에 크던 자가 이제는 과부같이 되었고
전에는 열방 중에 공주였던 자가
　　　이제는 강제 노동을 하는 자가 되었도다…
"지나가는 모든 사람들이여 너희에게는 관계가 없는가?"(애 1:1, 12)

우리가 바벨론의 여러 강변 거기에 앉아서
　　　시온을 기억하며 울었도다
그 중의 버드나무에
　　　우리가 우리의 수금을 걸었나니
이는 우리를 사로잡은 자가 거기서 우리에게 노래를 청하며
　　　우리를 황폐하게 한 자가 기쁨을 청하고
　　　자기들을 위하여 시온의 노래 중 하나를 노래하라 함이로다
우리가 이방 땅에서
　　　어찌 여호와의 노래를 부를까? (시 137:1-4; 또한 시 74와 79를 보라)

　공포. 충격. 두려움. 혼란. 이것이 이스라엘의 포로 시대를 보면서 우리가 느끼는 감정이다. 그것은 실제적이면서도 동시에 인격적이다. 구원 계획의 어떤 지점에서도 우리의 영원한 운명이 이리도 가느다란 실에 매달려 있는 것처럼 보이지는 않는다.

■ 약속의 땅으로의 귀환

유대인들이 약속의 땅을 떠난 지 70년이 지난 후, 주님께서는 그들이 돌아올 길을 열어 주셨다. 그 길은 유대인들을 포로로 끌고 갔던 것과 동일한 길이었지만, 그들이 걸어오면서 보게 된 세상은 크게 달라져 있었다. 이제는 바사Persia가 약속의 땅을 포함하여 비옥한 초승달 지대를 지배하고 있었다. 이 강력한 제국은 정복된 지역들을 자체적인 계획schema에 따라 분할하고 총독을 세웠으며, 국가적인 필요에 맞게 정치를 통제했다. 우리는 하나님의 구원 이야기가 새로운 현실과 맞물리는 것을 읽으면서 일종의 안도감을 느끼게 된다. 이는 바사가 하나님의 백성들을 약속의 땅으로 돌려보냈기 때문이다. 그러나 좀 더 자세히 들여다보면, 우리는 이 이야기가 포로기 이후로는 완전히 원래의 자리로 되돌아오지 못한다는 것 또한 발견하게 된다. 이로 인해 우리는 예수께서 오셔야만 비로소 끝나게 되는 결말을 바라보게 된다.

다섯 권의 책―에스라, 느헤미야, 학개, 스가랴, 말라기―은 이야기를 계속 진전시키면서 동시에 주님께서 포로 귀환하는 백성들을 어떻게 바라보시는지를 간략하게 보여 준다. 바사가 주전 539년에 바벨론을 패배시켰을 때, 하나님의 백성들의 운명은 바뀌었다(지도 8.2). 포로들에 대한 바사의 정책은 앗수르나 바벨론보다 훨씬 더 너그러웠다. 바사는 포로들을 고향으로 돌아가게 했고, 그곳에서 그들의 종교 전통을 재건하게 했다.[4]

고레스Cyrus 왕은 재위 원년에 하나님께서 택하신 백성들을 약속의 땅으로 돌려보내는 데 찬성했을 뿐 아니라, 예루살렘 성전을 재건하는 것을 지원하라는 법령을 내렸다(대하 36:22-23; 스 1:1-4). 그러나 이스라엘은 정치적으로 자치권을 갖지는 못했다. 바사는 통치지역을 넓은 관할구역satrapies으로 나누고, 그 관할구역을 다시 작은 지방provinces으로 나누었다. 약속의 땅은 '강 저쪽'Beyond the River*이라고 불리는 관할구역에 속해 있었다.

---

* 페르시아는 전체 제국을 24개 관할 구역으로 나누었습니다. 그중 '강 저쪽'은 다섯 번째 관할 구역으로써, 유프라테스강 서쪽 지역을 아우르는 명칭이었습니다. '강 저쪽'은 히브리어로 '에베르 하 나하르'라고 하는데 이 어구는 성경에도 등장합니다. 스 8:36과 느 2:7에서 그 명칭을 볼 수 있습니다.

이 시대를 기록하고 있는 성경의 책들은 포로 생활에서 귀환한 유대인들에게 초점을 맞춘다. 그들은 '예후드'Yehud**라 불린 '지방'province에 정착했다. 바사가 임명한 총독은 이 지방이 다른 곳들처럼 모국인 바사의 번영을 지원하도록 예후드를 다스렸다.[5] 성경의 저자들은 이러한 정치적인 현실은 잘 다루지 않고, 대신에 각각 다른 사람이 이끈 세 번의 포로 귀환이 있었다는 것에 초점을 맞춘다.[6] 첫 번째 귀환은 세스바살Sheshbazzar에 의해서 주전 537년에(에스라 1-2), 두 번째는 에스라에 의해서 주전 458년에(에스라 7-8), 그리고 세 번째는 느헤미야에 의해서 주전 445년에 이루어졌다(느 2:1-9)(지도 8.3).

첫 번째 관심사는 예루살렘에 제단과 성전을 재건하는 것이었다. 제단과 성전은 바벨론이 파괴한 마지막 구조물이었고, 이로 인해 이스라엘은 원천적으로 율법에 따른 예배를 드릴 수 없게 되었다. 따라서 예배가 정상화되려면 제단과 성전이 제일 먼저 복구되어야 했다. 스룹바벨과 대제사장 여호수아는 바벨론이 파괴한 옛 제단의 기초를 확인했고, 재건에 앞장섰다(스 3:1-6). 그 후, 훨씬 더 긴 프로젝트인 성전 재건 작업(스 3:7-13)에 착수했는데, 인근 지방 지도자들의 반대에 부딪히게 되었고 그로 인해 포로에서 귀환한 사람들의 동기가 사라지면서 성전 재건은 계속 늦춰졌다(스 4-6; 학 1:2-7). 심지어 한 지점에서는 16년 동안의 공백이 있기까지 했다(스 4:24). 하지만 결국에는 새로운 예배처가 주전 515년에 봉헌되었다.

두 번째로 주요한 프로젝트는 예루살렘의 성벽과 성문을 재건하는 일이었다(느 1:1-7:3). 바벨론이 도시 방어막을 파괴하여 예루살렘은 공격에 취약하게 되었다. 그러나 성벽은 방어막 이상의 것을 상징했다. 그 웅장한 도시 예루살렘이 성벽이 없는 허름한 마을처럼 되어 버렸다. 느헤미야는 방어벽이 없는 것을 "능욕"disgrace으로 여겼고(느 1:3; 2:17), 그래서 그는 거룩한 도시를 다시 정당한 위치로 승격시킬 성벽과 성문의 재건을 감독했다.[7]

** "예후드"라는 지명은 성경에는 등장하지 않는데, 우리가 통상적으로 이해하는 유다 지역이 페르시아 시대에는 "예후드"라고 불렸습니다. 예루살렘을 포함한 유다 지역에서 발견되는 그 시대의 인장이나 동전을 통해 이 명칭을 볼 수 있으므로, 이것을 이 지역의 공식 명칭으로 보는 것입니다. 이것은 "유다"의 아람어식 표현이라 할 수 있습니다. "유다"의 히브리어식 발음은 "예후다"입니다.
이 책에서 "유다"라는 명칭을 사용하지 않고 "예후드"라는 명칭을 굳이 사용하는 이유는 다음 페이지에서 확인할 수 있듯이, "예후드"는 원래 "유다"지역의 일부에 지나지 않기 때문입니다.

성경 저자들의 세 번째 초점은 언약적 충성을 회복하는 것이었다. 주님께서는 이스라엘 백성들이 언약의 기본 조항들을 어기고 이교의 신들을 숭배한 것 때문에 그들을 포로가 되게 하셨는데, 귀환한 포로들도 다소 그와 같은 불충성의 모습을 보였다. 그들은 지역의 이교도 집안과 통혼했고(스 9-10; 느 13:23-27; 말 2:11), 안식일 요구사항들을 무시했으며(느 13:15-22), 가난한 사람들의 필요를 무시하면서 사회적 불평등을 묵인했다(느 5:1-19; 말 3:5). 에스라는 앞장서서 이러한 모든 언약 위반들을 지적하고, 회개를 촉구하면서 언약에 필요한 충성심을 회복시켰다(스 9-10장, 느 8-10장).

이 이야기를 짜는 날실과 씨실은 역시 지리라고 할 수 있다. 그런 관점으로 구원 계획을 좀더 상세히 살펴보자. 무엇보다도, 지리는 이제 안도감을 제공한다. 주님께서

8.4 유다와 이두매

는 아브라함에게 에덴에서 잃어버렸던 축복이 그의 후손 중에 한 사람을 통해 모든 인류에게 회복될 것이라고 말씀하셨고, 이 구원 이야기가 가나안에서 전개될 것이라 하셨다(창 12:1-3). 이것이 바로 포로로 끌려가는 것을 골칫거리로 만드는 이유이면서 동시에 우리가 아브라함 가족이 마침내 약속의 땅으로 돌아오게 될 때 안도감을 느끼는 까닭이다.

우리가 바벨론이 무너뜨린 그 첫 번째 성전의 터에 돌아왔을 때, 그곳의 상황은 그 장소가 원래 갖추고 있었어야 할 모습으로 점차 되돌아가는 것처럼 보였다. 성전과 그곳의 의식은 귀환한 유대인들에게 매우 중요했다. 왜냐하면 구속이라는 것이 희생 제의 체계와 건축을 통해 묘사되었기 때문이다. 솔로몬이 첫 번째 성전을 위해서 했었던 것처럼, 베니게Phoenicia로부터 자재들을 얻어서 일하고 있는 건축가들을 보니 얼마나 마음이 놓이는가!(왕상 5:1-12과 스 3:7을 비교하라) 건축가들은 바쁘게 성전과 도시 중심부에 성벽을 세웠다. 그렇다. 상황이 정상으로 돌아가고 있는 것처럼 보였다!

그러나 자세히 보면, 전반적인 상황이 그리 장밋빛인 것만은 아니다. 포로 귀환의 찬란함을 다소 무색하게 만드는 땅에 관한 네 가지 사실이 있다. 첫째는, 약속의 땅 전체가 아니라 한 부분에만 재정착이 이루어졌다는 점이다. 에스라 2장과 느헤미야 7장은 귀환한 사람들의 목록을 제공한다. 그 목록에는 가족들의 이름과 재정착된 장소들의 이름이 있다. 그 장소들을 약속의 땅 지도 위에 표시해 보면, 귀환민들이 예루살렘 북쪽 주변에 있는 소수의 몇몇 마을만 차지했다는 것을 확인하게 된다. 이 장소들은 모두 예후드(유다)라는 새로운 바사의 지방province 단위 안에 있었다. 이 지방의 북쪽 경계는 오노Ono와 실로Siloh 사이의 길을 따라 놓여 있었고, 동쪽의 경계는 요단강이었다. 서쪽 경계는 유다 산기슭을 따라 놓여 있는 거친 길에 있었으며, 이 길은 벧술Beth Zur과 헤브론Hebron 사이에 있는 남쪽 경계에서 끝났다. 그러니까 현실은 하나님의 백성들이 다시 정착한 땅이 원래 약속의 땅의 12%에 불과하다는 것이다!(지도 8.4).

바사는 예후드의 남쪽과 북쪽에 각각 사마리아와 이두매 지방province을 세웠다.[8] 이 지방의 거주민들은 예후드에 사는 사람들과 달리 유전적으로 아브라함과 연결되어 있지도 않았고, 하나님의 율법에 대한 충성심을 가지고 있지도 않았다. 사실 그들은 예루살렘을 재건하고 모세 언약에 대한 충성심을 회복하려고 하는 사람들의 노력을 이따금씩 방해하기까지 했다(스 4:4-5; 느 4:7-8).

하나님의 백성들이 약속의 땅의 일부분만 차지하게 되었을 뿐 아니라, 예루살렘 도성 자체가 이제 전보다 훨씬 작아졌다. 포로기 이전에 예루살렘의 면적은 50만 ㎡(15만 평)에 달했지만, 귀환 이후에는 13만 ㎡(4만 평)가 채 되지 않았다. 예루살렘을 둘러싼 성벽은 순식간에 세워졌다. 성벽을 세운 사람들은 건축에 미숙한 사람들이었고, 그들이 사용한 건축 자재들은 형편없는 것들이었다. 반대자들은 그 성벽의 내구성을 두고 조롱했다. "그들이 건축하는 돌 성벽은 여우가 올라가도 곧 무너지리라!"(느 4:3).

이 예루살렘에는 초기 예루살렘 도시가 가지고 있던 아주 강력한 매력 요소들 가운데 하나가 부족했다. 그것은 바로 다윗의 후손이 앉을 보좌가 있는 왕의 처소royal residenc였다. 이것은 주님께서 다윗에게 약속하셨던 것이고(삼하 7:16), 스가랴가 예언했던 것이다(슥 9:9). 그러나 예루살렘의 실상은 그렇지 않았다. 예루살렘의 모습은 과거의 모습과 너무도 달랐다. 결국 이 매력 없는 도시는 사람들을 별로 끌어들이지 못했고, 그래서 이곳에는 사람이 사는 집도 별로 없었다. 이곳은 텅 빈 곳처럼 보였고 다들 그렇게 느꼈다(느 7:4).

성전 재건은 도움이 되었나? 그렇다. 하지만 귀환 이야기의 이 부분조차도 우리를 다시 원점으로 되돌아오게 해 주지 못했다. 재건이 진행되면서, 새로운 성전은 이전 성전의 웅장함을 갖지 못할 것이 분명해졌다. "너희 가운데에 남아 있는 자 중에서 이 성전의 이전 영광을 본 자가 누구냐? 이제 이것이 너희에게 어떻게 보이느냐? 이것이 너희 눈에 보잘것없지 아니하냐?"(학 2:3)

무엇보다 성전과 관련해서 가장 불안한 점은 무언가가 완전히 상실되어 있다는 것이었다. 그것은 바로 전능자의 가시적 임재다.[9] 주님의 영광은 성막을 가득 채웠었고, 그 안에 머물러 있었다(출 40:34-38). 이러한 신적 임재는 솔로몬이 지은 예루살렘 성전에도 동일하게 나타났다(왕상 8:10-11). 그러나 에스겔은 바벨론 군대의 파괴가 일어나기 이전에 먼저 그 임재가 성전을 떠나는 것을 보았다(겔 10:18-19; 11:23). 이러한 특별한 하나님의 임재가 되돌아오기 전까지는 성전과 예루살렘의 이전 영광은 회복되지 않을 것이다. 모든 지리적인 요소들 가운데서도 이 문제가 단연코 가장 큰 문제였기 때문에, 학개와 스가랴는 반복적으로 이 주제를 언급했다(학 2:7-9; 슥 1:3; 2:5, 10-11; 8:3; 9:9). 그리고 이 예언자들은 메시아가 올 때까지 수 세기 동안 이 임재 없는 상태가 계속될 것이라고 선포했다.

포로 귀환의 지리적 상황은 우리에게 복잡한 감정을 남긴다. 한편으로 하나님의 백성들이 약속의 땅으로 돌아오고 예루살렘과 성전이 재건될 때, 우리는 안도감과 희망을 느낀다. 하지만 다른 한편으로, 아직 완전한 회복에 이르지 못한 이 부분의 이야기는 우리를 도전하고 결말을 좇아 앞으로 나아가게 한다.

학개는 우리에게 결말의 때가 올 것이라고 말한다. "이 성전의 나중 영광이 이전 영광보다 크리라 만군의 여호와의 말이니라 내가 이곳에 평강을 주리라 만군의 여호와의 말이니라"(학 2:9). 시므온과 안나는 주님께서 하나님의 집에 돌아오는 순간을 고대하면서 재건된 성전*에서 기다렸다. 성령께서는 심지어 시므온에게 그가 그 일이 일어나는 것을 볼 때까지 살아 있을 것이라고 말씀하셨다.

---

* 여기서 말하는 "재건된 성전"은 바벨론 포로에서 귀환한 사람들이 세웠던 성전이 아닙니다. 스룹바벨 성전이라 불리는 그 성전은 주전 70년 경 로마의 폼페이우스에 의해 무너졌습니다. 시므온과 안나가 살던, 즉 예수님께서 태어나시던 시기의 예루살렘 성전은 헤롯 대왕에 의해 다시 건축된 성전으로써, 주전 20년 경에 건축된 성전입니다.

범례
- 율리우스 시저 당시의 로마 제국 (주전 44년)
- 아우구스투스 황제 때 추가된 지역 (주후 14년)
- 트라얀 황제 때 추가된 지역 (주후 117년)
- 로마가 일시적으로 합병한 영토

9.1 　로마 제국

예수 이야기

■ 갈릴리의 예수

여기! 그분이 오셨다. 세상을 구속하시려는 하나님의 계획은 그의 아들을 세상에 보내시는 것을 뜻했다. 네 권의 복음서는 예수에 대한 이야기를 전하고, 이 이야기의 상당 부분은 갈릴리 이야기이다. 예수께서는 나사렛에서 자라셨고, 가버나움을 근거지로 해서 갈릴리 여러 회당에서 가르치셨다. 예수께서 전하신 이야기들과 비유들은 갈릴리 사람들과 그곳을 떠올리게 하는 장면들로 가득하다. 그래서 우리가 갈릴리에 대해서 많이 알면 알수록, 농부가 네 가지 땅에 씨앗을 뿌리는 비유와 물고기를 잡는 어부 비유뿐만 아니라, 가나의 혼인 잔치, 오천 명을 먹이신 사건, 야이로의 딸을 소생시킨 사건과 같은 이야기들을 더 잘 이해하게 될 것이다.

예수의 생애에서 갈릴리 부분은 마리아와 요셉이 애굽에서 돌아온 직후, 그들의 어린 아들을 나사렛으로 데려갔을 때부터 시작된다(마 2:23). 예수의 부모들은 나사렛에서 그를 길렀고, 예수께서는 그곳에서 회당을 다니셨으며(눅 4:16), 거의 삼십 년 동안 그곳에 살았다.

나사렛과 같은 시골 마을에서의 생활 문화를 고려해 볼 때, 우리는 예수의 이야기가 어떻게 진행될지 예측하게 된다. 사람들은 예수와 그분의 가족들이 그랬듯이, 큰 축제에 참여하기 위해 예루살렘에 가는 경우를 제외하고는 그들이 자란 곳에서 그대로 살아가는 경향이 있었다(눅 2:41-52). 예수께서 갈릴리 바다 북서쪽 해안에 있는 호숫가 마을인 가버나움으로 가서 사시는 것은 우리가 예상하지 못했던 바이다(마 4:13)(지도 9.5). 이

대서양

스 산맥

메니아

바대(파르티아)

바벨론

페르시아만

0   150   300 mi
0   150   300 km

러한 변화는 언어 사용의 변화로 나타났다. 마태는 가버나움을 "자기 마을"(새번역, 마 9:1)이라고 부르고, 마가는 "집"(막 2:1)이라고 불렀다. 여기 가버나움에서부터 예수께서 "온 갈릴리에 두루 다니사 그들의 회당에서 가르치시며 천국 복음을 전파하시며 백성 중의 모든 병과 모든 약한 것을 고치"셨다(마 4:23).[1] 결과적으로 예수께서 처음으로 나사렛에 이르신 때부터, 가버나움 주변을 거쳐 마지막으로 예루살렘으로 가시기까지, 예수의 이야기는 주로 갈릴리에서 진행된다.

그러면 우리가 갈릴리와 그곳의 사람들에 대해 이해하기 위해서는 무엇이 필요할까? 로마는 예수 시대에 약속의 땅을 지배했는데, 그들은 이스라엘을 세 개의 행정구역으로 나눴다. 하나는 남쪽의 유대이고, 다른 하나는 중간의 사마리아이며, 마지막은 북쪽의 갈릴리이다(지도 9.2). 궁극적으로 로마가 이 세 구역을 모두 담당했지만, 갈릴리에서는 특별히 헤롯 대왕의 아들이자 로마에 의해 분봉왕tetrarch이라는 칭호를 부여받은 헤롯 안디바Herod Antipas를 통해 로마는 평화를 지켰고, 세수tax revenue가 끊이지 않도록 유지했다(마 14:1).

지리적으로 갈릴리에는 뚜렷이 구분되는 세 구역이 있었다. 그런데 예수 이야기에는 두 곳만 나온다. 상부 갈릴리는 갈릴리의 북쪽 지역이다. 이 지역에는 높은 산이 많고, 여행을 하거나 농사를 짓기가 몹시 어려운 곳이며, 도시 건설에도 적합하지 않다. 결과적으로 지형학적으로 고립된 이 지역은 1세기 당시에 인구가 적고 주요 도로나 도시도 없었으며, 예수 생애의 어떤 이야기도 이곳에서 일어나지 않았다.

상부 갈릴리의 바로 아래에는 하부 갈릴리가 있다. 이곳의 산들은 상부 갈릴리에 있는 산들의 절반 높이인데, 해발 610m 이하로 솟아 있는 동서 능선east-west ridges을 이루고 있다. 이 능선들 사이에는 넓고 비옥한 동서 계곡들이 있는데, 이곳에서 풍성한 곡식과 올리브와 아몬드와 무화과가 생산되었다.[2] 쉬운 접근성, 비옥한 농경지, 풍성한 물은 여행객들과 사람들을 하부 갈릴리로 끌어들이는 자석 같은 역할을 했다. 이곳이 바로 예수께서 초기 생애를 보내신 곳(나사렛과 가나 같은 마을들)이었다.

갈릴리의 세 번째 구역은 예수 사역의 가장 많은 부분이 일어난 곳, 바로 갈릴리 바다다. 이 내륙 호수는 해수면보다 213m 아래에 있는 분지에 있다. 갈릴리 호수는 다소 작은 편이다. 폭이 12.8km이고, 길이가 21km이며, 해안선은 51.5km 정도이다. 이 쾌적한 해안에 살던 사람들은 비옥한 평야를 경작했고, 물고기를 잡아 가공하기

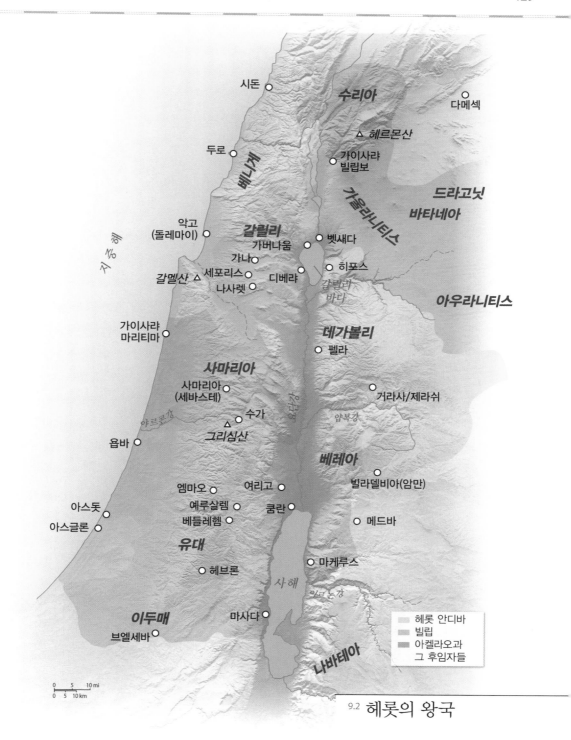

시돈

수리아

다메섹

△ 헤르몬산

두로

가이사랴
빌립보

드라고닛
바타네아

악고
(돌레마이)

갈릴리

가버나움

벳새다

지중해

가나

히포스

갈멜산 △

세포리스

디베랴

나사렛

갈릴리
바다

아우라니티스

가이사랴
마리티마

데가볼리

펠라

사마리아

사마리아
(세바스테)

수가

거라사/제라쉬

△

얍복강

그리심산

야르콕강

요단강

욥바

베레아

엠마오

여리고

빌라델비아(암만)

아스돗

예루살렘

쿠란

베들레헴

메드바

아스글론

유대

마케루스

헤브론

사해

이두매

마사다

아르논강

브엘세바

나바테아

	헤롯 안디바
	빌립
	아켈라오과 그 후임자들

0   5   10 mi
0   5   10 km

9.2 헤롯의 왕국

요한의 제자들이
예수에게 질문하다

악고
(돌레마이)

갈릴리

벳새다

가버나움

가나

갈릴리
바다

세포리스

디베랴

히포스

갈멜산 △

나사렛

가이사랴
마리티마

데가볼리

요한의
설교와 세례

펠라

살렘

사마리아

사마리아
(세바스테)

거라사
(제라쉬)

△ 수가

얍복강

그리심산

욥바

베레아

전통적인
요한의 고향

빌라델비아(암

여리고

엠마오

요단강 너머의 베다니

예루살렘

쿰란

엔케렘
베들레헴

요한이
예수에게
세례를 주다

메드바

아스돗

유대

아스글론

요한의 사역과
메시지를
특징짓는 장소

헤브론

마케루스

사 해

헤롯이 요한을 처형하다

아르논강

이두매

마사다

브엘세바

9.3 **세례 요한의 사역**

베니게

가울라니티스

지중해

예수의 사역 근거지

갈릴리

가버나움

예수의 첫 번째 기적

갈릴리바다

가나

나사렛

천사가 마리아와
요셉에게 예수의
탄생을 예고하다

마리아와 요셉이 베들레헴으로 이동하다

데가볼리

요단강

사마리아

예수의 가정이
애굽에서 돌아오다

베
레
아

열두 살 예수가
성전을 방문하다

여리고
(신약)

요단강 건너편의 베다니

아기 예수께서 탄생하시고
동방박사들이 방문한 곳

예루살렘

베들레헴

쿰란

요한이 예수께 세례를 주다

유대

애굽으로 피신하다

엔게디

사해

이두매

마사다

나바테아

0   10   20 mi

0   10   20 km

9.4 예수의 초기 생애

도 했으며, 또 내구성이 강한 지역 현무암을 이용해 밀을 가는 기구와 올리브를 짜는 도구를 만들기도 했다.

　우리는 예수께서 그분의 가르침과 이적들 대부분을 행하신 이 지역에 한 걸음 더 다가감으로써 그림을 더 명확하게 할 수 있다. 예수께서는 자신이 다른 곳보다 더 많은 시간과 에너지를 쓰셨음에도 회개하지 않았던 마을 세 곳을 신랄하게 비판하셨다. 그 마을들의 이름은 가버나움Capernaum, 고라신Chorazin, 벳새다Bethsaida이다(마 11:20-24; 눅 10:13-15). 지도에 이 마을들을 표시하고 선으로 연결해 보면, 5.7㎢의 삼각지대—많은 사람들이 전도 삼각지대evangelical triangle라고 부르는 지역—가 분명히 나타난다. 이 작은 지역은 갈릴리에서 행하신 예수 사역의 출발점ground zero이 되었다(지도 9.6).

　예수께서는 갈릴리에서 어떤 이들에게 말씀하셨는가? 갈릴리 주민들은 유대 지역에 사는 그들의 친족들과 마찬가지로 아브라함의 후손들이었다. 그러나 갈릴리에 사는 사람들만이 가지는 몇 가지 독특한 특징이 있는데, 이것들을 알면 예수와 그곳 사람들 간에 오고 간 교류들을 이해하는 데 도움이 될 것이다. 우선 갈릴리 사람들은

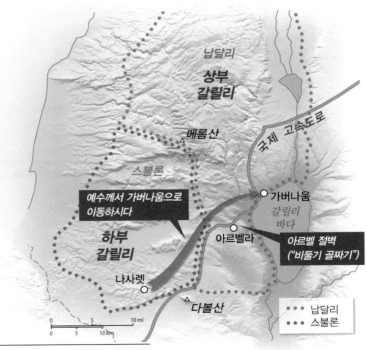

9.5 **가버나움으로 가시는 예수**

일반적으로 율법을 잘 지키는 유대교 가족의 구성원이었다. 그들은 코셔kosher 음식을 먹었고, 안식일을 준수했다. 그들은 죽은 가족들이 장차 부활하게 될 것을 소망했으며,[3] 아브라함과 사라처럼 메시아의 도래를 고대했다. 그들은 예수가 누구인지를 이해하는 데 필요한 배경지식을 가지고 있었다.

게다가 대부분의 갈릴리 사람들은 가난한 노동자들이었다. 그들은 농경지와 어선에서 열심히 일했지만 소수의 사람들만 독립적으로 일했고, 대부분은 갈릴리의 토지와 자원을 지배하는 부유한 사람들에게 고용되어 있었다. 헤롯 왕가의 토지가 지역 곡물 시장을 지배했기 때문에, 소규모의 가족 농지들은 하찮은 땅이 되어 버렸다. 부자들은 갈릴리 바다의 어업권을 얻었고, 그것을 다시 지역민들에게 대여해 주었다. 많은 것을 거두어 가면서도 정부 서비스라고 할 만한 그 어떤 것도 제공해 주지 않는 포악한 세금 제도로 인해 농민들은 짐승처럼 가혹하게 다루어졌고, 그들은 최저 생활 수준이나 그 이하의 삶을 살았다.[4]

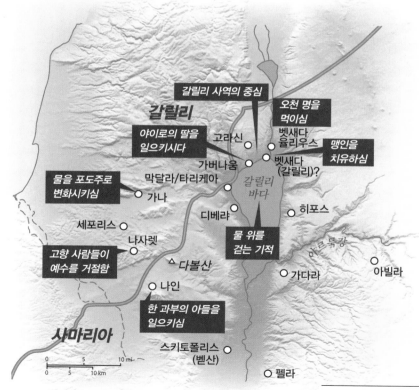

9.6 갈릴리에서의 예수

우리는 그들의 좌절을 상상할 수 있다. 그들은 하나님의 백성들이 얼마나 축복을 받았는지에 대해서 말하는 시편 1편의 희망 가득한 말씀과 그들의 실존 사이에 존재하는 뚜렷한 모순을 보았다. 이에 몇몇은 혁명을 일으켰다. 로마가 약속의 땅을 점령한 것에 대한 봉기는 일반적으로 갈릴리에서 시작되었다.[5]

또 어떤 사람들은 종교에 의지했는데, 예수께서 바로 여기(종교)에 계셨다. "예수께서 갈릴리에 도착하시니, 갈릴리 사람들이 예수를 환영하였다"(새번역, 요 4:45). 예수께서는 갈릴리인들의 삶의 경험을 반영하는 언어를 사용해서 그들의 필요에 대해서 말씀하셨다. 여기에는 농업과 어업의 혹독함뿐만 아니라, 빚으로 인한 노예제도(마 18:23-35)와 사기당하는 것, 즉 포도원에서 일용직 노동자로서 그들이 약속받은 것보다 더 적게 받는 것에 대한 내용이 포함되었다(마 20:1-16).

예수께서는 또한 그들이 "복받았다"고는 하지만, 이를 느끼지 못하는 것에 대해 겪는 혼란에 대해서도 말씀하셨다. 팔복Beatitudes은 하늘 아버지께서 그들을 어떻게 보시는지를 계시해 줌으로써 그들의 눈을 하늘로 들어 올려 행복감sense of well-being을 고양시켰다. "심령이 가난한 자는 복이 있나니, 천국이 그들의 것임이요. 애통하는 자는 복이 있나니, 그들이 위로를 받을 것임이요. 온유한 자는 복이 있나니, 그들이 땅을 기업으로 받을 것임이요."(마 5:3-5) 이 메시지는 이러한 격려가 절실히 필요한 자들에게 깊은 울림을 주었다.

갈릴리는 예수의 삶에 두 가지 방식으로 영향을 주었다. 그 두 가지 방식은 모두 메시아에 대한 구약 예언을 성취하는 것이었다. 예수께서 오시기 800년 전에, 이사야는 스불론과 납달리* 지파의 땅에 대해 매우 곤혹스러운 말로 묘사했다. 그곳은 약속의 땅의 일부이기는 했지만, 동시에 이방인들이 가득한 "사망의 그늘진deep darkness 땅"이었다(사 9:1-2). 이는 앗수르 제국이 이스라엘을 정복하는 과정에서 이 땅을 황폐하게 만들었을 뿐 아니라, 그 흔적으로 이방의 문화를 남겨 놓았기 때문이다(왕하 15:29). 그러나 좋은 날이 도래할 것이다. 이사야는 그들에게 "빛"이 밝아 올 날을 말해 주었다. 마태는 이 예언의 성취를 예수께서 나사렛에서 가버나움으로 이동하시는

---

* 이사야서에서 스불론과 납달리가 언급되는 것은 9장에 한 번뿐입니다. 선지자는 스불론과 납달리를 일컬어 멸시 당하는contempt 땅이며, "사망의 그늘진 땅"이라고 묘사하고 있습니다.

것과 연결시켰다(마 4:13-16). 그 "빛", 즉 메시아(사 60:1)는 스불론과 납달리, 앗수르의 침공을 경험한 이 두 지파의 땅에 독특하면서도 지속적인 영향을 미칠 것이다. 이 예언의 첫 단계는 예수께서 그의 초기 생애를 스불론에 있는 마을인 나사렛에서 보냈을 때 성취되었다. 그리고 예수께서 납달리의 한 마을인 가버나움에 오셨을 때, 이 예언은 완전히 이루어졌다. 그러므로 예수 사역이 이루어진 장소는 그 자체로 구약의 예언을 만족시켜 그분을 약속된 구원자로 인식하도록 했다(지도 9.5).

예수께서 갈릴리에서 보내신 시간은 예수에 대한 기대를 한껏 낮추었지만, 동시에 역설적으로 메시아에 대한 구약 예언을 성취하는 것이기도 했다. 남쪽 유대 지역에 사는 사람들의 관점에서 볼 때, 갈릴리 사람들은 열등한 부류로 간주되었다. 유대 사람들은 갈릴리 사람들을 시골 사람들이고 세련되지 못하며, 종교적으로 의심스러운 자들로 보며 경멸했다.[6]

갈릴리 사람들은 유대인들이 주변에 있을 때마다 주목받는 것을 피하려고 노력했다. 하지만 갈릴리인들의 억양이 그들이 누구인지를 폭로했기 때문에 숨을 수가 없었다(마 26:73). 많은 갈릴리인들은 이러한 부정적인 인식들을 내면화했다. 나다나엘이 좋은 예다. 그는 갈릴리 사람으로서 메시아가 나사렛과 같은 곳에서 나올 수도 있다는 것을 믿기 위해 내적인 투쟁을 해야만 했다. 이 지역(갈릴리)에서 선한 것이 나리라고 기대한 사람은 아무도 없었고, 심지어 그곳에 사는 사람들조차 그러했다(요 1:46).

아이러니한 것은 예수께서 갈릴리 사람이라는 이유로 형성된 낮은 기대감 자체가 구약의 예언을 성취하는 것이라는 점이다. 마태는 이것을 수수께끼 같은 말로 넌지시 언급한다. "나사렛이라는 동네로 가서 살았다. 이리하여 예언자들을 시켜서 말씀하신 바, '그는 나사렛 사람이라고 불릴 것이다'하신 말씀이 이루어졌다"(새번역, 마 2:23). 구약에는 이와 같은 예언이 문자 그대로는 전혀 등장하지 않고, 전통적인 유대교 문서들에서도 이와 같은 기대에 대한 증거 본문을 찾을 수가 없다. 그러나 메시아가 평범하고, 심지어 많은 사람에게 혐오스럽기까지 할 것이라는 기대는 다양한 본문에 나타나는 내용이다(위 본문에서 예언자들이라고 복수 형태로 기록되어 있음에 주목하라). 이사야는 이것을 다음과 같이 말한다.

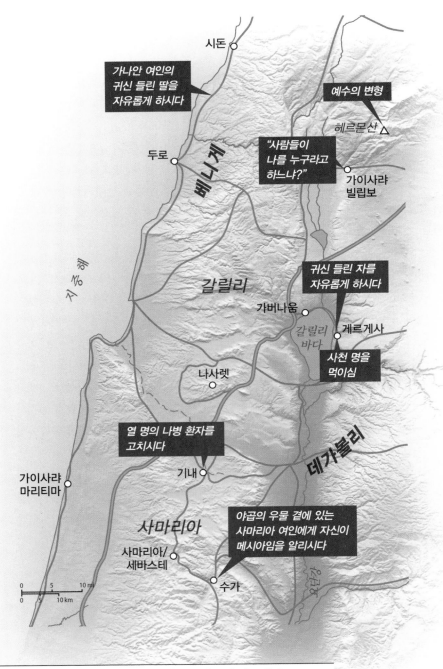

시돈

가나안 여인의
귀신 들린 딸을
자유롭게 하시다

예수의 변형

헤르몬산 △

두로

페니게

"사람들이
나를 누구라고
하느냐?"

가이사랴
빌립보

지중해

갈릴리

가버나움

갈릴리
바다

귀신 들린 자를
자유롭게 하시다

게르게사

사천 명을
먹이심

나사렛

열 명의 나병 환자를
고치시다

데가볼리

기내

가이사랴
마리티마

야곱의 우물 곁에 있는
사마리아 여인에게 자신이
메시아임을 알리시다

사마리아

사마리아/
세바스테

0   5   10 mi
0   5 10 km

수가

9.7 사마리아인들과 이방인들 가운데 계신 예수

우리가 전한 것을 누가 믿었느냐

　　여호와의 팔이 누구에게 나타났느냐

그는 주 앞에서 자라나기를 연한 순 같고

　　마른 땅에서 나온 뿌리 같아서

고운 모양도 없고 풍채도 없은즉

　　우리가 보기에 흠모할 만한 아름다운 것이 없도다

그는 멸시를 받아 사람들에게 버림 받았으며

　　간고를 많이 겪었으며 질고를 아는 자라

마치 사람들이 그에게서 얼굴을 가리는 것 같이

　　멸시를 당하였고 우리도 그를 귀히 여기지 아니하였도다 (사 53:1-3)

　예수와 갈릴리의 친밀한 연결은 많은 이들로 하여금 그분을 정확히 이러한 방식으로 보게 했을 것이다. 그래서 예수께서는 갈릴리에서 가르치셨을 뿐만 아니라, 갈릴리를 사용해서 자신에 대한 교훈을 가르치셨다.

■ 갈릴리를 넘어가시는 예수

예수께서 가버나움으로 이동하셔서 그곳에 본거지를 세우셨다. 우리는 이제 이곳에서 예수를 발견하기를 기대한다. 갈릴리는 율법을 잘 지키는 유대인들, 즉 구약의 율법이 요구하는 삶을 살던 아브라함의 후손들이 사는 곳이었다. 그들의 생활 방식과 사상은 예수께서 누구신지, 그리고 예수께서 왜 이 땅에 오셨는지를 이해하도록 도와주었다. 따라서 예수께서 이곳을 중심으로 사역하신 것은 자연스러운 귀결이다. 예수의 이동 경로를 지도상에 표시하면서(지도 9.6), 그리고 예수께서 하시는 말씀을 들으면서 우리는 그 자연스러움을 보게 된다. 예수께서는 열두 제자들을 짧은 선교 여행에 보내시면서, 다음과 같은 명령을 제자들에게 주셨다. "이방인의 길로도 가지 말고 사마리아인의 고을에도 들어가지 말고, 오히려 이스라엘 집의 잃어버린 양에게로 가라"(마 10:5-6). 예수의 이러한 말씀은 그가 자신의 사명에 대해서 말씀하실 때 다시 한번 울려 퍼진다. "나는 이스라엘 집의 잃어버린 양 외에는 다른 데로 보내심을 받지 아니하였노라"(마 15:24). 예수의 말씀은 지리학적 기대를 자아내기 때문에, 우리가 나사렛이나 가버나움, 혹은 갈릴리 바다 북서쪽 해안가에 자리한 여러 다른 마을에서 예수를 보는 것이 그리 놀랄 만한 일은 아니다.

그러나 바로 그런 점에서 예수께서 갈릴리 너머를 여행하시는 것은 상당히 유의미한 예외적 상황으로 부각된다. 우리가 예수께서 갈릴리를 떠나 사마리아, 베니게, 데가볼리와 같은 곳으로 가시는 것을 보면서 우리는 무언가 특별한 일이 발생할 것이라는 사실을 예감한다. 이곳에서의 이야기들은 지리적으로 예외적일 뿐 아니라 분명 어떤 목적이 있을 것이다. 각각의 경우에 예수께서는 잃어버린 자들을 구속하시고, 하나님 나라가 1세기 유대교에서 그리던 것보다 훨씬 더 넓다는 사실을 보여 주기 위해 이방 지역으로 가셨다. 복음서들은 이러한 여행을 세 차례 보도하는데, 여기에는 네 가지 중요한 이야기들이 나온다(지도 9.7).

첫 번째 이야기는 사마리아 지역의 수가Sychar라고 하는 마을 외곽에 있는 한 우물 곁에서 예수께서 한 여인과 대화하시는 모습을 보여 준다(요 4:1-42). 이 이야기는 예수를 북쪽 갈릴리와 남쪽 유대 사이에 있는 로마의 통치 구역에 위치시킨다. 신약에 나오는 사마리아는 과거 북왕국에서 가장 중요한 지파였던 므낫세와 에브라임의 중심지였다. 우리가 예수께서 이곳에 머무르리라고 예상하지 않는 이유는, 북왕국에 속해 있던 지파들이 이교도 신들과 그들의 행위들을 받아들임으로써 하나님의 백성으로서의 소명을 완수하지 못했기 때문이다. 이에 주님께서는 앗수르 제국으로 하여금 이 지역을 침략하게 하시고 아브라함의 후손들 대부분을 포로로 끌고 가게 하셨으며, 또 다른 정복지의 이교도들을 데리고 들어오게 하셨다. 이스라엘 민족과 비이스라엘 사람들이 통혼했고, 그들의 사상이 서로 뒤엉키게 되었다. 이로 인해 민족적으로, 그리고 신학적으로 혼합된 민족이 탄생하게 되었다(왕하 17:40-41). 이것은 복음서에 언급된 것처럼 사마리아인들과 갈릴리 및 유대 지역의 유대인들 사이에 존재했던 긴장 관계를 설명해 준다(눅 9:51-56; 요 4:9).

비록 우리는 예수께서 사마리아를 지나가시리라고는 전혀 예상하지 않았지만, 요한복음은 예수께서 그곳을 향해 "가야만 한다"(요 4:4)*고 말씀하셨다고 전한다. 당시의 지역 도로 체계상으로 보면 꼭 사마리아를 거칠 필요는 없었다. 사마리아를 거치지 않고서도 유대에서 갈릴리로 가는 것이 가능했다. 예수께서 사마리아를 통해서 가셔야만 했던 이유는, 예수께서 한 여인과 우물가에서 나누신 다소 긴 대화를 보면 명백해진다. 그들의 대화는 예수께서 여인에게 우물에서 물 한잔을 달라고 요구하면서 매우 천진난만하게 시작되지만, 이 대화는 예수께서 좀처럼 하지 않으셨던 것을 행하시면서 끝이 난다. 그것은 바로 그가 메시아이심을 말로 인정하는 것이었다(요 4:25-26). 이 중요한 선언은 이 장소에서 발생"해야만had to 했다." 왜냐하면 약속의 땅에는 이제 더 이상 그런 선언을 기다리는 곳이 없었기 때문이다. 이곳은 주님께서 아브라함에게 나타나셔서(그때 이곳은 세겜이라 불렸다) 구원 계획을 가나안에 정박시킨 바로 그 장소였다(창 12:1-8).[7]

세겜(수가)은 구약의 순례지로, 사람들은 이곳에서 아브라함에게 하셨던 주님의 약속에 대해 생각했다. 이곳은 메시아의 도래를 기대한다는 점에서 예루살렘에 버금가는 곳이었다. 그러나 예수께서 이곳에 오셨던 또 다른 이유가 있었다. 사마리아 사람들은 예수께서 주시는 "생수"가 필요한 죄인들이었다(요 4:10-15). 예수께서는 그들

---

* 이 본문의 헬라어 원문은 ἔδει(에데이)라는 단어로 시작합니다. 이 단어는 신약성경에서 항상 must나 should, ought 등으로 번역된 단어입니다. 즉, 사마리아행은 예수님의 확고한 의지에서 비롯된 것임을 알 수 있습니다.

을 "희어져 추수하게"된 곡식 밭에 비유하셨고(요 4:35), 이것은 예수께서 왜 그곳에 이틀을 더 유하시며 가르치셨는지를 설명해 준다. 결국 수많은 사마리아 사람들이 예수를 구원자로 믿게 되었다(요 4:39-42).

다음으로 우리는 예수께서 갈릴리를 떠나 또 다른 예상치 못한 목적지인 베니게의 "두로Tyre와 시돈Sidon 지방으로" 가시는 것을 보게 된다(마 15:21). 베니게 거주민들은 사마리아 사람들보다 훨씬 더 유대인들이 경멸하는 대상이었다. 왜냐하면 이곳은 아합 왕의 아내이자, 바알 숭배를 북왕국의 대표적인 의식으로 만든 이세벨Jezebel의 고향이었기 때문이다(왕상 16:30-33). 이곳은 또한 어려운 시기에 약속의 땅을 급습하여 유대인들을 노예로 팔아넘긴 자들의 고향이기도 했다(욜 3:4-6; 마카베오하 8:11).

그럼에도 불구하고 예수께서는 이 지역으로 가셨다. 그리고 이곳에서 예수께서는 문제를 가진 무명의 여인을 만나셨다. 그 여인의 딸은 귀신에 사로잡혀서 고통을 겪고 있었다. 마태와 마가 모두 그곳의 이교도적인 특성을 강조하는 불편한 방식으로 그 여인을 특징짓는다. 마태는 그녀를 "가나안 여자"(마 15:22)로 말하고, 마가는 그녀를 "헬라인이요 수로보니게Syrian Phoenicia 족속이라"고 말한다(막 7:26).

처음에 예수께서는 보통의 갈릴리 사람에게서 예상되는 방식으로 그녀를 대하셨다. 다시 말해, 예수께서는 그녀를 무시하셨다. 예수께서는 그녀가 잘못된 인종 집단에 속해 있다고 말씀하셨다. 심지어 그녀를 개에 비유하기까지 하셨다. 그러나 그녀는 아랑곳하지 않고 더 가까이 다가와서 자신이 비교됐던 바로 그 개의 모습으로 예수 앞에 무릎을 꿇고 앉아서 말했다. "주여 옳소이다마는 개들도 제 주인의 상에서 떨어지는 부스러기를 먹나이다"(마 15:27). 참으로 놀라운 신앙 고백이다! 바로 이 때문에 예수께서 이곳에 오신 것이다. 예수께서는 여인의 딸을 치유하기 위해 이곳에 오셨을 뿐만 아니라, 이세벨과 같은 자를 만들어 낸 곳에서도 비범한 신앙이 발견될 수 있다는 것을 보여 주기 위해서 이곳에 오신 것이다(마 15:28).

예수께서 갈릴리를 떠나서 세 번째로 가신 곳은 데가볼리Decapolis*다. 예수께서는 이곳을 두 번이나 방문하셨고, 유기적으로 서로 연관이 있는 두 이야기를 만들어

---

* '데가볼리'는 라틴어로 10을 의미하는 Decas와 도시를 의미하는 접미사 polis가 합쳐져서 만들어진 단어로써, 그 의미 그대로 열 개의 도시가 하나로 묶여 있어서 붙은 이름입니다.

내셨다. 데가볼리 지역은 서로 부분적으로 중첩되는 열 개의 그레코로만 대도시들로 이루어진 지역이었다.[8]

데가볼리의 한 도시는 건축과 사회기반 시설로 두드러진 곳이었다. 건물 스타일이나 건축 자재들은 현지의 것이 아닌 그레코로만 식이었다. 데가볼리의 도시들은 극장, 쇼핑 거리, 기마 경기장, 온천탕, 실내 화장실을 포함한 아름다운 공공시설들을 자랑했다. 이러한 시설들이 당대의 사회적인 환경에서 두 가지 중요한 역할을 했기 때문에, 로마는 이런 건축물들을 지속적으로 발전시켰다. 첫 번째 역할은 주요 도로망을 감시하는 것이었다. 두 번째 역할이 좀 더 중요한데, 그것은 그레코로만 세계가 지역 토착민들의 마을 문화에 비해서 문화적으로나 종교적으로나 더욱 우월하다는 것을 드러내는 방법이었다. 데가볼리의 도시들은 그 자체로 유대인들을 유혹하는 불빛이었다. 다시 말해, 유대인들의 독특한 식습관(돼지고기 금지!)이나 요상한 할례 행위, 유일신에게만 집중하는 구닥다리 종교를 벗어 버리라는 번쩍이는 초대장과도 같은 것이었다.

예수께서 처음으로 갈릴리 바다의 "저편"(막 4:35)으로 가셨을 때, 그는 율법을 잘 따르는 유대인들이 그 지역에 대해 의례 예상할 법한 딱 그런 일들을 맞닥뜨리셨다. 무덤에 사는 한 벌거벗은 남자가 온 힘을 다해 비명을 지르며 예수와 제자들을 향해 달려왔다.[9] 그에게서 들려오는 목소리는 그 남자의 것이 아니라 그의 몸을 지배하고 있는 귀신의 소리였다. 예수께서는 그 귀신들에게 떠나라고 명령하시면서, 돼지 떼에 들어갈 것을 허락하셨다. 그리고 그 귀신 들린 돼지들은 바다로 달려가 모두 익사했다. 그 지역의 이방인들은 그들이 입은 재정적인 손실로 인해 망연자실했고, 전에는 결코 본 적이 없었던 예수의 권능으로 인해 놀랐다. 그들은 예수께 이 지방을 떠나 달라고 간청했다.

예수께서 호수 동편으로 오실 때 타고 왔던 그 배에 다시 타려고 하실 때, 예수께서 귀신을 쫓아 주셨던 그 남자가 와서 자신도 함께 가게 해 달라고 간청했다. 하지만 예수께서는 다른 생각을 가지고 계셨다. "집으로 돌아가 주께서 네게 어떻게 큰 일을 행하사 너를 불쌍히 여기신 것을 네 가족에게 알리라"(막 5:19). 그 남자는 그렇게 했다. 그리고 예수께서 얼마 후에 다시 데가볼리로 가셨을 때, 모든 것이 바뀌어 있었다. 예수께 떠날 것을 촉구했던 사람들은 이제 머무르기를 간청했다. 예수의 가르침에 매료된 그들은 심지어 먹을 것이 바닥이 났을 때조차도 떠나기를 거절했다. 이에 예수께서는 적은 양의 음식으로 사천 가구를 먹이셨다(막 7:31; 8:1-13).

이 네 가지 경우에, 예수께서는 갈릴리의 경계를 떠나 이방 지역으로 가셨다. 왜 가셨을까? 첫째로, 이방 종교는 하나님이 누구신지 그리고 하나님께서 인간을 어떻게 이해하고 계시는지를 적절하게 설명하지 못하기 때문에 예수께서 직접 이방 세계로 들어가신 것이다. "나는 길이요, 진리요, 생명이다. 나를 거치지 않고서는, 아무도 아버지께로 갈 사람이 없다"(새번역, 요 14:6). 사마리아, 베니게, 데가볼리의 종교들은 아버지께로 가는 길을 제시할 수 없다. 그렇기 때문에 예수께서 친히 가셔서 그들이 절실히 필요로 하던 생명의 길을 알려 주신 것이었다.

둘째로, 예수님으로서는 자신의 승천 후에도 제자들이 같은 일을 할 수 있도록 확실하게 해두는 것이 필요했다. 예수께는 걱정할 만한 이유가 있었다. 바리새인들과 사두개인들은 일종의 "유대인 예외주의"Jewish exceptionalism, 즉 바로 오직 유대인들과 소수의 이방인들만이 주님과 함께 영원을 보낼 것이라는 견해를 지지했다.[10] 예수께서는 열방에 대한 주님의 생각을 부정확하게 표현하는 이러한 신학을 가리켜 해로운 "누룩"yeast이라고 부르셨다(마 16:1-12).

예수께서는 이러한 그릇된 가정("유대인 예외주의"와 같은)에 대해서 말씀으로 지적하셨다. "내가 너희에게 말한다. 많은 사람이 동과 서에서 와서, 하늘 나라에서 아브라함과 이삭과 야곱과 함께 잔치 자리에 앉을 것이다"(새번역, 마 8:11). 예수께서는 또한 제자들에게 "그러므로 너희는 가서 모든 민족을 제자로 삼아"라고 말씀하셨다(마 28:19). 그러나 예수께서는 이 문제를 극적인 기적-4천 명과 5천 명을 먹이신 사건-을 통해서도 다루셨다.[11] 이러한 급식 이적들feeding miracles은 두 가지 세부사항을 제외하고는 거의 같다.

5천 명을 먹이신 사건에서, 예수께서는 갈릴리에서 유대인들을 위한 기적을 행하셨고, 남은 음식 열두 바구니를 거두셨다. 4천 명을 먹이신 사건에서는 데가볼리에서 이방인들을 위한 기적을 행하셨고, 남은 음식 일곱 바구니를 거두셨다. 돌이켜 생각해 보면, 예수께서는 제자들에게 한 쌍으로 되어 있는 이 두 기적의 핵심으로 그러한 차이를 보라고 촉구하셨다(마 16:9-12). 한 사람이 호수의 어떤 쪽에서 왔는지는 중요하지 않다. 그들이 아브라함의 유전자를 가졌는지도 중요하지 않다. 예수께서는 모든 지역에 사는 모든 사람을 모으시고 구속하시려고 오셨다는 것이 중요하다.

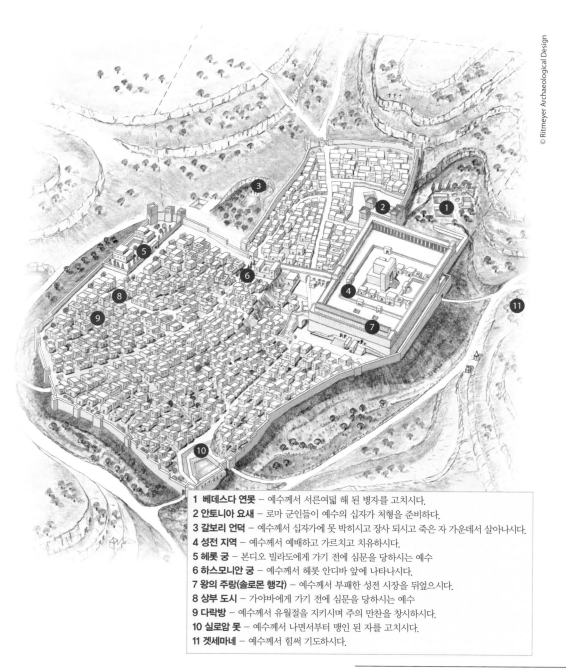

1 **베데스다 연못** − 예수께서 서른여덟 해 된 병자를 고치시다.
2 **안토니아 요새** − 로마 군인들이 예수의 십자가 처형을 준비하다.
3 **갈보리 언덕** − 예수께서 십자가에 못 박히시고 장사 되시고 죽은 자 가운데서 살아나시다.
4 **성전 지역** − 예수께서 예배하고 가르치고 치유하시다.
5 **헤롯 궁** − 본디오 빌라도에게 가기 전에 심문을 당하시는 예수
6 **하스모니안 궁** − 예수께서 헤롯 안디바 앞에 나타나시다.
7 **왕의 주랑(솔로몬 행각)** − 예수께서 부패한 성전 시장을 뒤엎으시다.
8 **상부 도시** − 가야바에게 가기 전에 심문을 당하시는 예수
9 **다락방** − 예수께서 유월절을 지키시며 주의 만찬을 창시하시다.
10 **실로암 못** − 예수께서 나면서부터 맹인 된 자를 고치시다.
11 **겟세마네** − 예수께서 힘써 기도하시다.

9.8 **예루살렘에서의 예수**

© Ritmeyer Archaeological Design

■ 유대에서 반대 목소리에 부딪히신 예수

예수와 교류했던 모든 유대인이 사회적인 면에서나 신학적인 면에서 동일한 부류였다고 생각하기 쉽다. 그러나 고대사에 대한 연구를 좀 더 자세히 살펴보고, 예수께서 동시대 사람들과 나눈 대화를 주의 깊게 들어 보면, 갈릴리에 살았던 유대인들과 유대 지역에 살았던 유대인들 사이에는 지역적인 차이가 있다는 것을 발견하게 된다. 갈릴리 사람들은 대체로 예수를 환영하며 받아들인 반면, 반면 유대 사람들은 상대적으로 더 의심하고, 대립했다.

우리는 요한복음에 나오는 두 구절에서 이러한 차이가 발생하는 것을 볼 수 있다. "예수께서 갈릴리에 도착하시니, 갈릴리 사람들이 예수를 환영하였다"(새번역, 요 4:45a). 이와는 대조적으로 유대 사람들이 예수를 죽이려고 모의했을 때, "예수께서는 유대 사람들 가운데로 더 이상 드러나게 다니지 아니하"셨다(새번역, 요 11:54). 여기에서 우리의 초점은 후자에 놓일 것이다. 유대 지역 사람들은 예수를 반대하는 목소리를 가장 많이 냈던 자들이다.

왜 이 유대 지역 사람들은 예수를 그렇게 경계하면서 걱정스럽게 여겼을까? 유대 지역 사람들은 그들 스스로를 갈릴리인들보다 우월하다고 생각했다. 왜냐하면 구약성경에서 북왕국과 남왕국이 매우 다른 모습으로 그려져 있기 때문이다. 우선 주목할 것은, 하나님의 백성이 형성되는 이야기들 가운데 갈릴리와 관련이 있는 지역이 전혀 없다는 점이다. 그 이야기들은 모두 유대 지역과 관련되어 있다. 예수께서 희망적인 이야기들로 갈릴리를 지지하시기 이전까지 북왕국의 내러티브는 첫 번째 왕인 여로보암을 시작으로 해서 부정적이고 불안한 사건들로 온통 어지럽혀져 있었다.

여로보암은 다윗 왕가와 수도 예루살렘, 그리고 그곳에 있는 주님의 성전으로부터 갈라져 나와 이스라엘 왕국을 이끌었다(왕상 12장). 여로보암과 그를 따르는 왕들은 북왕국 사람들이 예루살렘에 있는 성전을 방문하지 못하게 하려고, 벧엘과 단과 사마리아에 예배 처소를 세웠다. 그리고 레위 지파 소속이 아닌 제사장들이 그곳에서 이방 신들의 숭배를 실행했다(왕상 12:25-29; 16:32-33). 갈릴리를 포함하는 북쪽 지역의 이야기는 주님과 그분이 이스라엘을 향해 가지셨던 계획을 저버린 악한 왕국의 이야기였다. 이 드라마의 주역들에는 우리가 성경에서 만나게 되는 가장 악한 인물들인 오므리, 아합, 이세벨 등이 포함된다.

이러한 북쪽의 이야기들은 남쪽 유대의 이야기와 뚜렷한 대조를 보인다. 남쪽은 이스라엘 건국 이야기의 배경이다. 아브라함과 사라는 대부분의 시간을 헤브론과 브엘세바에서 보냈다(창 13:18; 18:1; 22:19). 아브라함은 사라를 비롯해서 자기 자신과 이삭과 리브가와 야곱과 레아가 묻히게 될 땅을 헤브론에 얻었다. 이 무덤은 계속해서 종교적인 순례지가 되었다. 왜냐하면 이곳이 바로 하나님의 선택받은 백성들이 약속의 땅에서 권리를 행사한 첫 번째 장소이기 때문이다(창 23:7-20).

유대 지역의 이 긍정적인 유산은 다윗 때에도 계속되었다. 다윗은 예루살렘을 이스라엘의 정치적이고 종교적인 중심지로 수립했고, 솔로몬은 이곳에 주님의 성전을 지었다. 어쨌든 중요한 것은 이스라엘이 가장 사랑하는 인물들인 야곱, 요셉, 나오미, 다윗, 솔로몬, 히스기야, 요시야 같은 인물들의 이야기가 모두 유대 지역의 이야기라는 것이다.

이 모든 것으로도 충분하지 않다면 유대가 메시아에 관한 구약 성경의 약속을 성취하는 시작점이라는 사실을 언급할 필요가 있다. 미가는 구원자가 유대 베들레헴에서 태어날 것이라고 선언했다(미 5:2). 유대 지역의 사람들은 그들의 유산을 보면서, 갈릴리에서 온 그 어떤 것보다도 훨씬 뛰어나다고 생각했다.

자신들이 포로로 끌려간 첫 번째 사람들이 아니라는 점과 더불어, 그들의 왕국만이 온전하게 되돌아왔다는 사실 역시 유대 지역 사람들의 자부심을 부추기는 중요한 요인이었다. 갈릴리인들이나 유대 사람들이나 주님을 떠나 방황하고, 선지자들의 경고에 주의를 기울이지 않고, 그래서 결국 유배 생활을 겪은 것은 마찬가지였지만 그들의 이야기에는 분명 결정적인 차이가 있었다.

우선, 북이스라엘의 왕들은 모두 백성들이 주님을 떠나게 만든 사악한 지도자들이었다. 선지자들은 북왕국의 왕들을 평가할 때, 그 누구에게도 긍정적인 평가를 내릴 수 없었다. 북이스라엘의 백성들이 주님으로부터 계속 멀어지자, 주님께서는 주전 722년에 그들을 약속의 땅에서 내보내셨다. 이사야는 위압적인 말로 그날을 묘사하며, 갈릴리를 "흑암"의 땅으로 불렀고(사 9:1), 마태는 이곳을 "이방의 갈릴리"로 회상했다(마 4:15). 북이스라엘의 포로 이야기에는 결말이 없다. 왜냐하면 열 지파 중에 어떤 지파도 돌아오지 못했기 때문이다.

남왕국의 포로 이야기는 북왕국과는 다르게 전개되었다. 남왕국에도 북왕국의 왕들과 마찬가지로 형편없이 통치하는 왕들이 있기는 했지만, 히스기야나 요시야처럼 하나님께서 이 나라를 향해 품고 계시는 계획 가운데로 그 백성들을 인도하려고 애썼던 개혁적인 왕들도 있었다. 이 때문에 남왕국의 마지막 유배는 이스라엘보다 대략 130년 정도 후인 주전 586년이 되어서야 발생했다. 그리고 바벨론 포로기가 끝났을 때 주님께서는 남왕국 백성들을 약속의 땅으로 돌아오게 하셨고, 그들은 지파의 정체성이 손상되지 않은 그룹으로 예루살렘 성전을 재건하고 자신들의 삶을 하나님의 율법과 일치시키기로 결단하며 메시아의 도래를 기다렸다.

갈릴리와 유대의 이야기는 이처럼 각기 다르게 진행되었다. 비록 수백 년의 시간이 흘렀음에도, 이 이야기는 유대 지역에 사는 예수 시대 유대인들의 견해에 영향을 주었다. 유대 사람들의 관점에서 볼 때, 갈릴리 사람들은 언제나 수상쩍었다. 갈릴리 사람들은 결코 온전하게 될 수 없을 것처럼 보이는 "북왕국"의 일부였다. 유대 사람들은 갈릴리를 시골티가 많이 나고 덜 세련되고 종교적으로 타협한 사람들로 보았다.

갈릴리 출신 유대인들에 대한 남쪽 유대 사람들의 이러한 편견은 예수와 교류했던 두 집단인 바리새인과 사두개인들 사이에서 좀 더 명확하게 드러난다. 이 두 그룹은 모두 유대 지역에 뿌리를 두고 있는데, 이방의 문화와 세계관을 받아들이는 문제, 즉 당시 약속의 땅을 휩쓸고 있었던 헬라화Hellenization로 알려진 과정에 대한 반응은 서로 달랐다. 바리새인들과 그들의 가장 중요한 학자들인 서기관들은[12] 구약의 율법을 엄격히 준수함으로써[13] 하나님께서 택하신 백성들을 헬레니즘의 문화와 세계관으로부터 분리시켰다. 이들은 전체 유대인들 사이에서 스스로 경찰의 역할을 하기 위한 단체를 조직했고, 나아가 학생들이 구약 율법의 전통적인 적용 방식을 공부하고 졸업해서 이스라엘의 선생이 될 수 있도록 학교를 만들기도 했다. 이 선생들은 구약의 특정 율법 조항들을 현실화하는 방법들을 크게 확장시켰다.

이 그룹의 가장 존경받는 학자들은 유대 지역, 특히 거룩한 도시 예루살렘에 살았다.[14] 이 학자들은 교사들에게 수여하는 자격증을 통제함으로써 갈릴리와 유대 전역에 있는 회당에서 가르쳐지는 내용을 통제하고자 했다. 이들의 규칙에 따르면, 그들이 정한 랍비 학교에서 임명을 받지 않은 사람은 다른 이들에게 성경 해석의 권위를 주장할 수 없었다.[15] 그러므로 1세기 유대교에서는 갈릴리가 아니라 유대 지역이 신학적인 문제에 대한 최종적인 권위를 가진 것으로 여겨졌다.

예수께서는 유대 지역을 여행하실 때에야 비로소 바리새인들의 반대하는 목소리를 맞닥뜨리셨다(마 3:7; 21:45; 22:15; 요 11:46-53). 그런데 일부 바리새인들은 예수께 도전하기 위해 예루살렘에서 갈릴리까지 이동하는 여정을 스스로 감당하기도 했다(마 15:1). 바리새인들이 자격증을 수여하는 과정과 갈릴리 사람들에 대한 유대 사람들의 공공연한 편견을 고려해 볼 때, 우리는 그들이 예수를 반대하는 취지를 충분히 이해할 수 있다. 본질적으로, 그들은 예수의 권위가 마뜩지 않았던 것이다.

수많은 갈릴리 지역 사람들이 예수를 바라보면서 예루살렘에서 나온 것과는 전혀 다른 종류의 권위를 가진 교사라고 여겼다(마 7:29; 막 1:27). 바리새인들은 물론 그런 평가를 매우 못마땅하게 여겼다. 바리새인들은 예수에게 권위라는 주제와 관련해서 계속 질문을 던졌고, 권위의 출처를 보이라고 채근했다(마 21:23-27; 막 2:1-12). 바리새인들의 관점에서 봤을 때 예수는 임명받은 적이 없었고, 가르치는 권위를 부여받지도 못했다. 권위의 출처 외에도 그들은 예수께서 실천적인 문제를 다루신 방식들을 문제 삼아 예수를 반대했다. 가령, 안식일 규정에 대한 예수님의 경박한casual 접근이라든지(마 12:1-4), 그의 제자들이 정결 의식을 대충 실천하는 문제(마 15:1-2), 그리고 "죄인들"에 대한 예수님의 지속적이고 공개적인 연대(마 9:10-14; 눅 7:36-39; 15:1-2)와 같은 것들이다.

두 번째 그룹인 사두개인들도 예수를 문젯거리로 보았다. 헬라화와 관련하여 바리새인과 매우 달리 접근한 사두개인들은 귀족 성직자들이었고, 그들은 그들이 어떤 교육을 받았는지가 아니라, 다윗과 솔로몬 시대의 대제사장이었던 사독과 생물학적으로 연결되었는지의 여부에 따라 신뢰성을 확보했다. 슬프게도 사두개인들은 하나님의 백성들의 영적인 건강이나 예루살렘 성전에서 드리는 생명력 있는 예배에 대해서는 전혀 관심이 없었다.

바리새인들은 헬레니즘 세계관으로부터 분리되려고 했지만, 사두개인들은 그 세계관에 순응하려는 경향을 보였다. 사두개인들은 자기들에게 부와 명성과 영향력을 얻는 길을 열어 준 로마 지도자들과 타협했다. 이와 관련하여 사두개인들은 영리를 추구하는 사업처럼 성전을 운영했다. 이 사업이 성공했다는 사실은, 예루살렘에 있는 상류 도시에서 유적으로 발견된 사두개인들의 집으로 인해 은근하면서도 아주 강력하게 확증된다. 1세기 예루살렘에 대한 고고학적 발견 중에 그 어떤 것도 사두개인들이 살았던 집에 비견될 수 없었다. 그들이 살았던 주택은 규모가 크고 건축학적으로 세련되었으며, 호화로운 설비로 가득했다.[16]

복음서들은 예수께서 유대 지역에 가시기 이전까지 사두개인들과 그분 사이에 어떤 교류가 있었는지에 대해 말해 주지 않는다. 예수께서 마침내 유대 지역에 가셨을 때, 둘 사이의 관계는 급속도로 악화되었다. 예수께서는 성전 내에서 돈 바꾸는 자들의 상을 엎으시고, 가축들을 흩어 버리심으로써, 성전 시장temple markets을 공격하셨다(막 11:15-17). 사두개인들의 재정구조에 대한 예수의 직접적인 공격은 어떤 사람도 감히 넘을 수 없는 선이었다. 그런데 예수께서 그 선을 넘으시자, 사두개인들은 그를 침묵시키고 나아가 처형시킬 방법을 찾기 시작했다(막 11:18).

예수께서 베다니 근처에서 나사로를 죽음에서 일으키신 사건은 상황을 더 악화시켰다. 이 제멋대로 구는 선생은 재정적인 부분에서 큰 손해를 끼치더니 이제는 예루살렘의 사회적 안정을 위협하고 있다. 로마는 이러한 종류의 사회적 불안 요소를 사두개인의 책임으로 떠넘길 것이다. 로마는 이 귀족 성직자들이 이 땅에 살아가는 사람들을 잘 통제하기를 기대했다.

베다니에서 일어난 기적으로 인해 혼란이 일어나자 사두개인들은 다음과 같은 결론을 내렸다. "이 사람을 그대로 두면 모두 그를 믿게 될 것이요, 그렇게 되면 로마 사람들이 와서 우리의 땅과 민족을 약탈할 것입니다"(새번역, 요 11:48). 여기서 주목할 점은, 사두개인들은 베다니의 기적이 예수에 대해 혹은 하나님의 구원 계획의 진전에 대해 말해 주는 것에는 아무런 관심이 없다는 것이다. 그들은 그저 자신들과 로마의 관계가 안전하게 유지되는 것이나 경제적인 번영에만 관심이 있을 뿐이었다. 그래서 그들에게 예수는 없애 버려야만 하는 문젯거리였다.

약속의 땅에서 예수와 교류했던 유대인들은 모두 같은 유대인들이었다고 가정하기 쉽다. 그러나 좀 더 자세히 살펴보면, 유대 지역 사람들은 그들의 역사와 사회 종교적인 관점으로 인해 예수와 같은 갈릴리 출신들을 경시하는 경향이 있었음을 알게 된다. 이런 이유로 유대 지역 사람들은 예수에 대한 반대 목소리를 더욱 높였으며 결국에는 예수를 처형대로 끌고 가기 위한 음모를 계획했다.

■ 예수의 수난 - 예루살렘 이야기

지금까지 구원의 이야기는 거룩한 도시 예루살렘과 일정한 주기로 접점을 가졌다. 그러나 우리는 이제 예수 수난의 절정에 다다랐고, 이야기는 오로지 예루살렘에서만 이루어진다. 예수의 수난 이야기는 곧 예루살렘 이야기다(지도 9.8).

예루살렘은 성경 전체에 걸쳐서 마치 황금실처럼 펼쳐져 있다. 가장 먼저 나타나는 언급은 아브람에 관한 이야기에 등장하는 "살렘"Salem이라는 이름이다(창 14:18).[17] 아브람은 이 도시의 왕적 제사장인 멜기세덱을 만났다. 멜기세덱은 아브람과 그의 일행들이 전장에서 돌아왔을 때, 그들에게 먹을 것을 주었다. 이 도시가 처음으로 예루살렘이라고 언급되었던 때는 여호수아 시대로, 그곳의 가나안 왕이 이스라엘과 싸우기 위해 연합군을 모았을 때였다(수 10:1). 그러나 이것은 단지 시작에 불과했다. 우리는 성경의 독자로서 예루살렘을 계속해서 만나게 된다. 아마 살렘, 여부스, 다윗성, 시온 등의 다양한 다른 이름까지 포함해서 헤아려 본다면 아마 천 번도 넘을 것이다.

복음서 저자들이 예수의 이야기를 들려줄 때, 그들은 우리를 아주 계획적으로 예루살렘으로 인도한다. 때로는 그러한 표시를 감지하기 어려울 때도 있다. 세례 요한은 예수를 보고 말했다. "보라 세상 죄를 지고 가는 하나님의 어린 양이로다!"(요 1:29). 매년 유대인 가정들은 유월절에 양을 데리고 예루살렘으로 갔다. 예수께서 유월절 어린양이라면, 우리는 이야기가 어디로 흘러갈지 짐작하게 된다.

다른 곳에서는 예루살렘을 향한 움직임이 분명하게 진술되기도 한다. 마태는 우리에게 다음과 같이 말한다. "그때부터 예수께서는, 자기가 반드시 예루살렘에 올라가야 하며, 장로들과 대제사장들과 율법학자들에게 많은 고난을 받고 죽임을 당해야 하며, 사흘째 되는 날에 살아나야 한다는 것을, 제자들에게 밝히기 시작하셨다"(새번역, 마 16:21). 그리고 누가도 "예수께서 승천하실 기약이 차가매 예루살렘을 향하여 올라가기로 굳게 결심하시고"라고 전한다(눅 9:51). 바리새인들이 예수께로 와서 헤롯 안디바가 당신을 죽이려 한다고 위협했을 때, 예수께서는 그 위협을 대단치 않게 여기시며 이렇게 말씀하셨다. "그러나 오늘도 내일도 그다음 날도, 나는 내 길을 가야 하겠다. 예언자가 예루살렘이 아닌 다른 곳에서는 죽을 수 없기 때문이다"(새번역, 눅 13:33).

무엇이 이 도시를 특별하게 만드는가?

첫째, 다윗 왕 때부터 예루살렘은 이스라엘의 정치적인 수도 역할을 했다. 다윗은 이스라엘을 온전하게 유지하기 위해 사울의 남은 군대와 내전을 벌인 후 중앙에 위치한 수도가 필요했는데, 그 수도가 내전에서 어느 쪽 편도 들지 않았던 곳이면 더욱 바람직했다. 여부스는 딱 적당했다. 다윗은 여부스 사람들을 무찌르고, 그곳에 궁전을 지었다. 그리고 그 도시의 4만 ㎡(약 12,500평) 규모의 산등성이 지대를 이스라엘의 수도로 삼았다. 이때부터 이곳은 다윗성, 즉 예루살렘으로 알려지게 되었다(삼하 5:6-12; 대상 11:4-9). 예루살렘도 다른 고대 근동의 수도들처럼 성공과 고난의 시기를 지나왔고, 그 시기에 따라 확장되기도 혹은 축소되기도 했다.

두 번째 요소는 첫 번째와도 관련이 있는데, 그것은 지리적인 결점이 분명함에도 불구하고 예루살렘이 이스라엘의 정치적인 수도가 되었다는 것이다. 예루살렘은 다른 수도들과는 다르게 가장 가까운 항로나 육상 무역로에서 최소 수 킬로미터 이상 떨어져 있었다. 예루살렘의 가장 오래된 부분은 지리적으로 우묵한 곳에 있어서 주변의 높은 땅을 점령하고 있는 적들의 공격에 취약했다.

게다가 식량과 물에 접근하는 것은 계속되는 어려움이었다. 예루살렘 주변의 지형은 가파른 산과 좁은 계곡으로 이루어져 있어서 성장하는 도시를 먹여 살리는 데 필요한 양의 곡식을 경작하려는 노력을 방해했다. 따라서 예루살렘은 살아남기 위해 주변 지역들로부터 식량을 수입해야 했다. 그리고 이보다 더 나쁜 것은 두 군데 인근 샘에서 나오는 물의 양이 단지 인구 3천 명의 도시에 제공할 정도뿐이라는 점이었다. 증가하는 인구에 맞춰서 예루살렘에 충분한 물을 제공하려면, 히스기야 왕이나 헤롯 왕이 행한 것과 같은 중요한 공공사업 프로젝트가 필요했다. 대체로 예루살렘의 지리적 여건은 그 자체가 도시의 성장과 성공을 악화시키려는 음모로 보일 만큼 매우 안 좋았다.

세 번째는 신학적인 부분이다. 예루살렘은 주님과 관계를 맺고 있었다. 이 관계는 고대 근동의 다른 어떤 나라도 갖지 못했던 것이다. "여호와께서 시온을 택하시고 자기 거처를 삼고자 하여 이르시기를 이는 내가 영원히 쉴 곳이라 내가 여기 거주할 것은 이를 원하였음이로다"(시 132:13-14).

주님께서는 예루살렘의 명백한 단점들에도 불구하고—아마도 그 단점들 때문에

다메섹으로 가는 길에 있는
사울을 회심시키시다

시리아

다메섹

헤르몬산

두로

가이사랴
빌립보

지중해

베니게

갈릴리

가버나움

벳새다

대위임령을 주시다

세포리스
나사렛

디베랴

가울라니티스

드라고닛

바타네아

갈릴리
바다

아우라니티스

베드로를 회복시키시다

데가볼리

가이사랴

펠라

사마리아

사마리아
(세바스테)

거라사(제라쉬)

욥바

무덤과 다락방, 그리고 스데반에게
나타나시며, 또한 오백여 명의
형제에게 일시에 나타나시다

베레아

엠마오

여리고

엠마오로 가고 있는
두 제자에게 나타나시다

예루살렘

베들레헴

감람산

하늘로 승천하시다

유대

헤브론

사 해

이두매

마사다

브엘세바

나바테아

0 5   10 mi
0 5 10 km

9.9 부활 후의 예수

라도—그곳을 자신의 임재를 알리고, 그 임재를 느끼고 볼 수 있는 곳으로 삼으셨다. 솔로몬이 언약궤를 성전 안 지성소에 있는 새 보금자리로 가지고 왔던 날에 잊을 수 없는 일이 일어났다. 주님께서 "주님의 영광"을 나타내는 신성한 구름으로 그곳을 가득 채우셨고(왕상 8:10), 그것은 이스라엘이 약속의 땅에 들어갔을 때 성막을 가득 채웠던 가시적 현상과 같은 것이었다(출 40:34-35). 주님의 이 특별한 임재는 사람들을 예루살렘으로 이끌어 이 왕을 경배하게 했고, 그들의 필요를 그분께 아뢰며, 받은 축복에 대한 감사를 올려 드리고, 또 그들의 죄가 용서받았다는 확신을 찾게 해 주었다.

이러한 사실들은 사람들이 예루살렘에 대해서 생각하는 방식을 형성했다. 그곳은 특별한 도시였다. 우리가 성경 저자들과 시인들이 생각했던 방식으로 예루살렘에 대해서 생각하지 않으면, 예수의 수난이 일어나는 동안 그 도시의 역할을 이해하지 못할 것이다. "여호와는 위대하시니 우리 하나님의 성, 거룩한 산에서 극진히 찬양받으시리로다. 터가 높고 아름다워 온 세계가 즐거워함이여 큰 왕의 성 곧 북방에 있는 시온 산이 그러하도다"(시 48:1-2). 예루살렘은 온 세상의 창조주와 개인적으로 만나는 곳이었다. 매년 가장 거룩한 날들을 위한 거룩한 도시로의 여행은 견뎌 내야 할 짐이 아니라, 한 가족이 기대하고 기념할 날이었다. "사람이 내게 말하기를 여호와의 집에 올라가자할 때에 내가 기뻐하였도다"(시 122:1). 주님께서는 예루살렘을 자신의 도시로 택하셨고, 자신의 임재를 그곳에 특별한 방식으로 확고히 하셨다. 그곳은 기쁨과 희망과 평화의 장소였다.

예수께서는 어린 시절에 마리아와 요셉의 품에 안겨 처음으로 예루살렘을 방문하셨다(눅 2:22). 어린 시절 다음으로 보도된 예루살렘 여행은 예수께서 열두 살이셨을 때였다(눅 2:41-42). 그리고 복음서는 예수님의 예루살렘 여행에 대해 많이 언급하지는 않지만, 예수께서는 큰 축제 때마다 예루살렘에 가셨을 것이고, 따라서 예수께서 매년 세 차례 종교 수도인 예루살렘에 가셨으리라고 추정하는 것은 무리가 아니다. 그러나 이 여행 중 어떤 것도 마지막 예루살렘 여행과 비교될 수 없다. 이 마지막 예루살렘 여행은 네 권의 복음서 전체에서 무려 29장의 분량을 차지하여, 예수의 마지막 수난 이야기를 예루살렘 이야기로 만든다.

모든 움직임이 계산되고 연출되었다. 예수께서는 메시아에게 기대되는 대로, 여리고, 베다니, 벳바게를 통해 예루살렘에 들어가셨는데, 이 길은 광야를 거쳐 동쪽에서부터 거룩한 성으로 들어가는 길이었다(사 40:3-5을 보라).[18] 예수께서는 스가랴 9:9 말씀을 성취하기 위해 나귀를 타고 예루살렘 성의 경계를 넘으셨다.[19] 날마다 예수께서는 날마다 성전 뜰에서 말씀하셨다.

예수께서는 자신에게 적의를 품고 자신을 죽이려는 유대 종교 지도자들과의 언쟁에 자주 연루되셨다. 예수께서는 유월절을 기념하기 위해 제자들과 함께 예루살렘에 있는 한 다락방으로 가셨다. 그들이 떠나기 전에 예수께서는 주의 만찬 혹은 성찬이라 불리는, 신약 시대를 위한 새로운 식사를 시작하셨다. 그리고 예수께서는 제자들과 겟세마네 동산에 가셨는데, 그곳에서 그분은 기도로 씨름하셨고, 자신을 체포하러 온 자들을 만나셨다.

예루살렘 도시는 예수의 재판을 목격했다. 유대교 종교 지도자들은 로마 총독과 함께 예수 재판의 대열에 합류했고, 이들 모두는 하나님 아버지의 아들이신 예수를 해결되어야 할 문젯거리로 보았다. 이 재판으로 인해 예수께서는 공동묘지 근처에 있는 성벽 바로 밖에서 십자가 처형을 당하셨는데, 이곳은 예수께서 죽은 자들 가운데서 부활하신 부활절 아침 이전까지 그분의 시신을 잠시나마 보관했던 곳이기도 하다. 이 예루살렘 이야기는 여느 이야기와도 같지 않다. 이 거룩한 도시는 세상에 구원의 좋은 소식을 전하는 중요한 순간을 위한 출발점이 되었다.

그러면 예루살렘 자체가 이 이야기에 어떻게 이바지하는가? 예수께서 학대당하시고 처형당하신 이야기는 그 자체만으로도 몸서리치게 만들지만, 아버지께서 자신의 것이라고 불렀던 도시에서 그 아들이 죽임을 당했다는 사실을 알고 나면, 이 이야기는 정말 훨씬 더 상상할 수 없는 이야기가 된다. 예수께서는 예루살렘 거리들을 알고 계셨고 그 거리들의 신성한 지역에서 예배하셨으며, 원래는 아버지의 집이었던 이 도시에 대해서 다른 사람들이 느끼는 것을 똑같이 느끼셨다.

그러나 나는 여기에 좀 더 많은 것이 있다고 생각한다. 예수께서는 구원 계획에서 자신의 역할을 다하기 위해 하늘을 떠나셨다. 예루살렘은 나사렛이나 가버나움과는 다르게 아버지의 임재를 생각나게 하는 곳이기 때문에, 예수께서는 이곳에서의 시간을 더 즐기시지 않았을까? 예수께서 여행하신 모든 장소 중에, 아버지께서 임재해 계시는 예루살렘에서 가장 안전했어야 하는 것 아닌가? 그러나 여기에서 우리는 하나님의 임재 속에 죽어 가는 아들을 보게 된다. 바로 이것이 예루살렘 이야기라는 사실이 이 모든 것의 끔찍함을 배가시킨다.

　그럼에도 불구하고 예루살렘은 예수의 수난이 일어난 가장 의미 있는 장소다. 여러 세기 동안 주님께서는 자신의 선택된 백성들에게 엄선된 가축, 최상의 양과 염소를 데리고 예루살렘으로 가라고 지시하셨다. 예배자는 성전 뜰로 가서, 희생 짐승의 머리에 손을 얹고 난 후, 그 짐승을 잡았다(레 1:4; 3:2, 8, 13; 4:4, 15, 24, 29, 33). 그렇게 함으로써 예배자는 상징적으로 그들의 죄를 그 짐승에게 전가시켰고, 이는 그 짐승이 그들의 죄로 인해 형벌을 받기 위함이었다. 물론 짐승은 사람을 위한 적절한 대속물이 아니었다(히 10:1-4). 오히려 가축의 대속적 형벌은 하나님의 아들이 대속물redeeming substitute이 될 때를 미리 가리키는 것이었다. "그가 거룩하게 된 자들을 한 번의 제사로 영원히 온전하게 하셨느니라"(히 10:14).

　예루살렘은 그러한 희생 제사가 이루어질 수 있는 유일한 곳이었기 때문에, 예루살렘은 최종적 희생 제사를 위한 최적의 장소였다. 성금요일에 예수께서는 예루살렘 성 바로 바깥에 있는, 버려져서 무덤이 된 채석장으로 끌려가셨다. 성전 제단에서 조금 떨어진 이곳에 성묘 교회Church of the Holy Sepulchre가 있는데, 이곳은 예수께서 모든 시대의 모든 죄를 위한 형벌을 받아들이신 곳이고, 아버지께서 예수를 죽은 자 가운데서 살리심으로써 그 사명을 이루셨음을 확증하신 곳이다.[20] 예루살렘은 가장 큰 희생 제사를 위한 장소가 되었다.

교회 이야기

10

■ 예루살렘의 초대 교회

사도행전은 복음이 예루살렘에서 전 세계로 퍼져 나가는 연이은 여섯 번의 지리적 확산을 보여 준다.[1] 예수께서 감람산에서 승천하신 바로 직후에, 사도들은 근처에 있는 예루살렘으로 돌아갔고(행 1:12), 이곳이 바로 우리가 사도행전 6장까지 머물게 되는 곳이다.

누가는 두 가지 방식으로 우리의 관심을 예루살렘에 집중시킨다. 우선, 누가는 예루살렘을 반복적으로 언급한다. 사도행전을 펴서 고작 네 절밖에 가지 않았는데, 우리는 주님께서 제자들에게 하시는 다음과 같은 말씀을 듣게 된다. "예루살렘을 떠나지 말고 내게서 들은 바 아버지께서 약속하신 것을 기다리라"(행 1:4). 곧바로 네 절 뒤에, 예수께서는 제자들에게 보고 들은 모든 것에 대한 증인이 되라고 하시면서 그 일을 예루살렘에서 시작하라고 하신다(행 1:8). 그리고 누가는 이어지는 장에서 우리가 어디 있는지 잊지 않게 하려고 예루살렘을 열 번이나 더 언급한다(행 1:12, 19; 2:5, 14; 4:5, 16; 5:16, 28; 6:7; 8:1).

저자가 우리로 하여금 예루살렘 이야기를 읽고 있다는 것을 상기하게 만드는 두 번째 방식은 우리가 이미 예루살렘에 속한 공간Jerusalem sites으로 알고 있는 장소들을 언급하는 것이다. 그런 장소에는 다윗의 무덤, 성전, 성전 뜰, 솔로몬의 행각이 있다(행 2:29, 46; 3:1-2, 11; 5:12, 20-21, 42).[2]

누가가 들려주는 예루살렘 이야기는 두 부분으로 되어 있다. 첫 번째는 초대 교회의 창립 이야기다. 예루살렘 교회가 성장했던 방식을 보여 주는 일련의 이야기들이 빠르게 이어지면서 소개된다. 창립 이야기는 우리가 '오순절 이야기'로 알고 있는 바로 그 이야기다(지도 10.1). 사도들은 예수의 제자들로서 많은 것을 배웠다. 그러나 제자들이 다른 이들을 가르치기 위해서는 성령께서 그들의 기억을 선명하게 하시고, 그들의 메시지를 예리하게 만드시는 일이 선행되어야 했다(요 14:16-17, 26; 15:26; 16:7).

사도들은 명령받은 대로 예루살렘에서 성령의 기름 부음을 기다렸다. 유월절이

지난 지 50일이 되었을 때, 유대 세계는 오순절Festival of Weeks*을 기념했다. 바로 그날, 급하고 강한 바람이 사도들이 머물고 있던 곳에 가득했고, 불의 혀와 같은 것이 그들 위에 머물러 있었다(행 2:1-4). 이로 인해 집 근처에 있는 좁은 거리는 금세 군중들로 꽉 차게 되었고, 상황은 점점 더 넓은 공적 장소를 필요로 하게 되었다.

누가는 이 장소의 이름을 알려 주지는 않지만, 가장 가능성이 높은 배경은 성전의 남쪽 계단이다. 왜냐하면 이 계단이 모든 실제적인 필요를 충족시켜주기 때문이다. 우선 이곳은 성전 건물의 주요 진입로로써, 자연스럽게 사도행전 2장에 언급되는 다양한 군중들과 연결된다. 그곳에는 많은 인원을 수용할 수 있는 넓은 광장이 있었고, 베드로의 설교가 전달될 수 있는 음향 시설까지 갖추고 있었다. 그리고 근처에 있었던 유대인들의 의식을 위한 욕조는 베드로의 설교 이후에 이어졌던 세례에 필요한 장소였다.[3]

누가는 이 창립 이야기 이후에 집으로 돌아온 오순절 순례자들에 관한 더 많은 이야기를 들려줄 수도 있었겠지만, 그러지 않고 계속해서 진행되는 초대 교회의 예루살렘 이야기를 들려준다. 이 예루살렘 이야기가 기적, 복음 전파, 응답이라는 동일한 패턴을 따른다는 것에 주목하는 것이 도움이 된다.

사도행전 3-4장에서 베드로와 요한은 성전에 들어갔다. 그들은 거기에서 나면서부터 장애가 있었던 사람을 만났다. 그 장애인은 성전에서 그저 또 하루를 살아 내기 위한 돈을 구걸하는 사람이었다. 베드로와 요한이 그 앞을 지나가자 그는 항상 해 오던 대로 돈을 구걸했다. 그에 대한 응답으로 베

오순절 이야기어
공식적으로 언급
도시들(행 2:9-

오순절 이야기에서 공식적으
로 언급된 지역들(행 2:9-1
(이탤릭체, 큰글씨)

---

* 오순절은 '50일'을 뜻하는 '오순'이라는 말 그대로 초실절(유월절)로부터 50일이 지나는 날에 지키는 명절입니다(레 23:15-21). 영어로는 "Pentecost"라고 쓰기도 하고 "Festival of Weeks"라고 표현하기도 합니다. 7주, 즉 49일이 지난 후에 오는 명절이라는 의미에서 그렇게 이름이 붙게 된 것입니다. 그래서 구약 성경에서는 "칠칠절"이라는 이름으로 소개되고 있기도 합니다. 히브리어로는 "샤부오트"라고 하는데, 샤부오트는 말 그대로 "주들, Weeks"을 뜻합니다. 오늘날에도 이스라엘에서는 샤부오트를 매우 큰 명절로 지키고 있습니다.

드로와 요한은 그 못 걷는 사람이 꿈에도 생각하지 못했을 선물을 건넸다.

　베드로가 그의 손을 잡자 이전에는 한 번도 무게를 견뎌 내지 못했던 그의 발과 발목이 갑자기 그의 몸을 지탱해 주었다. 그는 "뛰어 서서 걸으며" 성전으로 들어가 "걷기도 하고 뛰기도 하며 하나님을 찬송"하기 시작했다(행 3:8-9). 이것은 사람들의 주의를 끌었다. 사람들은 이전에 성전에서 이 사람을 본 적이 있었지만, 결코 뛰지 못했었다. 그런데 이렇게 뛰는 것을 보고 사람들은 무슨 일이 일어난 것인지 알아보기 위해 베드로와 요한에게 달려갔다(행 3:11). 베드로는 즉시 이 기적을 십자가에 달리시고 죽은 자들 가운데서 부활하신 예수와 연결시켰다. "하나님께서 여러분 한 사람 한 사람을 악에서 돌아서게 하셔서, 여러분에게 복을 내려 주시려고, 먼저 자기의 종을 일으켜 세우시고, 그를 여러분에게 보내셨습니다"(새번역, 행 3:26). 예수께서는 결

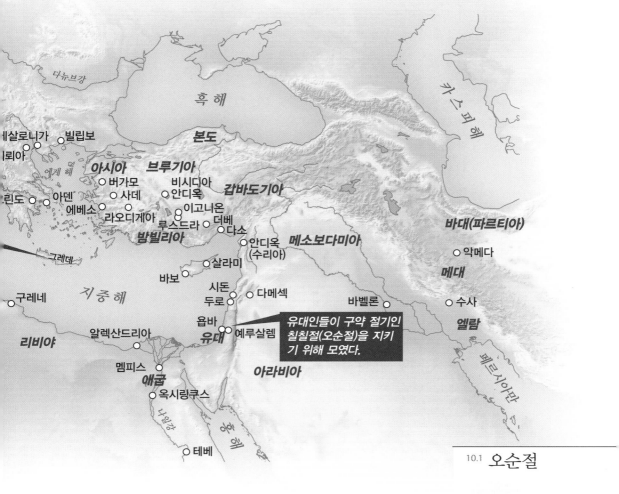

유대인들이 구약 절기인 칠칠절(오순절)을 지키기 위해 모였다.

10.1 오순절

코 범죄자가 아니며 주님께서 아브라함에게 약속하신 대로(창 12:3), 에덴에서 잃어버렸던 복을 회복시키기 위해 오신 구원자셨다.

복음에 대한 반응이 극명하게 나뉘었다. 귀족 제사장들은 이러한 "예수와 관련된 일"Jesus thing을 필사적으로 막기 위해 그들의 권력을 사용해서 사도들을 체포하고 구금하고 처벌했다. 그러나 회개하고 예수를 믿었던 자들은 수백 명씩, 그리고 수천 명씩 늘어났다. 오순절 이전에 예루살렘에는 대략 120명의 제자들이 있었지만, 오순절에 이 수는 3천 명까지 폭발적으로 늘어났고, 못 걷는 사람을 치유한 후에는 5천 명까지 늘어났으며(행 4:4), 끝이 보이지 않을 정도로 계속 늘어났다(행 5:14; 6:1). 이것이 바로 누가가 사도행전 8장 이전까지 집중하는 예루살렘 이야기다. 8장부터는 예루살렘 바깥에서 벌어지는 이야기가 다루어진다.

우리가 예루살렘 이야기를 살펴보는 것을 마무리하기 전에, 예루살렘이 초대 교회의 이야기에 기여한 부분에 대해서 생각해 보자. 어떻게 예루살렘은 유대 마을이 할 수 없었던 방식으로 초대 교회의 이야기를 형성했는가?

첫째, 예루살렘은 영적인 성찰을 중요시했다. 예루살렘은 주님께서 자신의 것으로 택하신 도시였을 뿐 아니라 성전이 세워져 있는 도시였고, 주님께서 자신의 임재를 특별한 방식으로 알리신 도시였다. 즉, 이곳은 매우 오랫동안 이스라엘 영성의 중심지였다. 구약 성경에 나타난 이 풍성하고 깊은 역사로 인해 다른 곳과 달리 예루살렘에서는 일종의 영적인 숙고spiritual thoughtfulness 같은 것이 일어났다.

베드로는 자신의 오순절 설교에서 그러한 이점을 활용했다. 베드로는 구약의 역사를 오순절에 일어나고 있는 사건과 연결시켰다. 예를 들면, 베드로는 성령의 부어짐을 기대하는 구약 예언인 요엘 2:28-32을 인용했다. 베드로가 요엘 3:1-2을 인용하지는 않았지만, 이 구절은 성령의 부어짐과 마지막 때의 심판을 예루살렘과 연결시킨다.

그리고 베드로는 시편 16편을 인용했는데, 이 시편은 죽지만 결코 무덤에서 부패하지 않는 사람에 대해서 이야기한다. 베드로는 이 실재를 경험한 것이 시인이자 왕이었던 다윗이 아니라, 예수라는 것을 강조하기 위해 이 시편을 인용했다. 그리고 만일 어떤 의심이 생긴다면 다윗의 무덤은 걸어서 7분 거리에 있었으니 직접 확인할 수 있었다. "다윗이 죽어 장사되어 그 묘가 오늘까지 우리 중에 있도다"(행 2:29).

베드로는 다윗의 또 다른 시인 시편 110편을 인용하기도 한다. 이 시편은 성전 동쪽(오른쪽)에 있는 감람산에서 일어난 예수의 승천 사건을 내다본다. 예루살렘은 구약에 대한 기대로 살아가고 호흡했다. 성전에서 드려지는 희생 제사나 거룩한 도시에 관한 성경 말씀들은 모두 예루살렘을 이스라엘의 영적 중심지로 확언한다. 예루살렘은 이러한 연결점들을 묵상할 수 있는 장소였기 때문에 초대 교회 이야기는 이 거룩한 도시 밖으로 뻗어 나가기 전에 한동안 이곳에 머물렀던 것이다.

둘째로, 예루살렘은 초대 교회의 성장과 다양성에 기여했다. 예루살렘은 교회가 급속도로 성장할 수 있게 해 주었다. 왜냐하면 예루살렘 거주민이 5만 명이나 되었기 때문이다. 그리고 이 수는 오순절과 같은 중요한 절기에는 세 배로 증가했다. 교회를 5천 명이 넘도록 키우기 위해서는(행 4:4) 수만 명이 사는 도시가 필요했다.

예루살렘 거리에는 로마의 관리들과 군인들, 바리새인과 사두개인, 열심당과 에세네파, 그리고 상인들과 장인匠人들을 비롯해 수많은 종류의 사람들이 한데 어우러져 있었다. 초대 교회의 엄청난 다양성은 바로 여기서 비롯된다. 예루살렘은 초대 교회를 잘 보여 주는 복잡한 사회경제적 구조를 가지고 있었다.[4] 초대 교회가 그리스식 이름을 가진 사람들뿐만 아니라 아론 혈통의 제사장 무리까지 포괄할 수 있었던 것은(행 6:5, 7) 그곳이 예루살렘이었기 때문이다. 이것은 다른 어떤 마을도 할 수 없는 일이었다.

이 거룩한 도시는 우리가 방문객들을 전부 더하기 이전에 이미 충분한 사회적 다양성을 보여 주었다. 이제 거기에 방문객까지 더하면, 상황은 훨씬 더 다양해진다. 예루살렘은 일 년에 세 번 유대교 신앙에서 가장 중요한 절기들을 지켰고, 순례자들, 즉 "세계 각국에서 온 경건한 유대인들"(행 2:5; 행 2:9-11에 나오는 부분적인 목록을 보라)은 이 절기들을 지키러 예루살렘으로 모여들었다. 모두가 같은 언어로 말하지는 않았지만(행 2:11), 같은 구원의 믿음을 가지고 떠났다. 예루살렘은 초대 교회가 빠르게 성장하며 높은 수준의 사회적이고 지역적인 다양성을 획득하는 것을 가능하게 해 주었다.

셋째로, 예루살렘은 초대 교회의 구성원들이 함께 만날 수 있도록 필요한 사회 기반 시설을 제공했다. 1세기의 시골집들 대부분은 규모가 작았다. 예루살렘 같은 곳에서만 더 큰 개인 주택을 지을 수 있을 정도의 재산을 가진 사람들을 발견할 수 있었다. 그러한 사회경제적인 지위를 가진 사람들이 예수님을 알게 되었을 때, 그들은 같은 마음을 가진 신자들의 모임을 위해 자신의 집을 내주었다. 이렇게 해서 가정 교회 doma ecclesia, house church, 즉 초대 교회를 특징짓는 그리스도인들의 모임 장소가 시작되었다.[5]

그러나 예루살렘에 있는 큰 집들조차도 수천 명이 모이기에는 너무 작았다. 바로 이 지점에서 예루살렘 성전이 등장한다. 제멋대로 뻗어 있는 이 광장sprawling campus에는 그 정도 인원을 감당할 수 있는 크고 열린 공간이 있었고, 사도행전은 초대 교회가 이 공간을 사용했다고 우리에게 말해 주고 있다. 신자들은 매일같이 "성전에"(행 2:46) 모였고, 하나님 나라의 성장을 목적으로 이 특별한 장소의 용도를 변경했다.

예루살렘이 초대 교회의 성장에 결정적으로 영향을 미친 마지막 한 가지는 메시지를 지지하는 증거들이었다. 역사상 그 누구도 죽은 자들 가운데서 살아나지 못했다. 그러나 예수는 부활했다. 그의 부활은 하나님께서 그를 죄에 대한 희생 제물로 인정하셨다는 것을 확정하는 사건이었다. 예루살렘은 이런 중요한 사건들이 일어난 장소였기 때문에 복음의 소식을 듣는 자들은 예수께서 처형당하신 장소에 갈 수 있었고, 예수께서 부활하신 무덤을 방문할 수도 있었다. 게다가 그들은 이 모든 것을 목격한 자들과 대화할 수 있었다. 예수께서는 사도들의 가장 중요한 임무에 대해 이렇게 말씀하셨다. "내 증인이 되리라"(행 1:8). 교회가 가룟 유다의 자리를 대체할 사람을 찾을 때, 후보자는 예수께서 세례를 받으시던 때부터 승천하실 때까지 모든 것을 목격한 사람이어야 했다(행 1:21-22). 예루살렘은 증인들이 머무르는 곳이고, 사도행전은 일곱 장에 걸쳐서 우리를 그들과 함께 머무르게 한다.

■ 유대와 사마리아 지역의 초대 교회

예루살렘의 제자들은 자신들이 예루살렘에 남아 있으면서, 도시의 방문자들이 그들의 고향에 복음을 들고 돌아가서 자연스럽게 전 세계로 복음이 전해지게 되는 상황에 만족스러워했다. 그들의 가정과 사역에 대한 책임감, 그리고 날로 부흥하는 예루살렘 교회는 그들을 예루살렘 안에 안주하게 했다.

그러다가 스데반이 순교하자 모든 것이 바뀌었다. 스데반의 마지막 호흡은 초대 교회를 반대하는 자들의 분노를 향한 부채질이었다. "그날에 예루살렘 교회에 큰 박해가 일어났다. 그래서 사도들 이외에는 모두 유대 지방과 사마리아 지방으로 흩어졌다"(새번역, 행 8:1).

사도행전은 유대와 사마리아에 관한 세 가지 구체적인 이야기를 전한다. 이 이야기들은 교회의 미래와 관련된 다음과 같은 중요한 질문들에 대한 대답이기도 하다(지도 10.2). 반半유대인semi-Jewish이나 비유대인 청중이 복음 메시지에 흥미를 느낄까? 구약에 대한 제한된 지식을 가지고 있거나 전혀 구약을 알지 못하는 자들이 복음을 이해할 수 있을까? 성령께서 그들이 복음을 받아들일 수 있게 이끄실까?

이 질문들에 답하는 첫 번째 이야기는 사마리아 이야기다(행 8:2-25). 예루살렘에서 도망쳐 나온 몇몇 신자들은 므낫세와 에브라임의 옛 영토인 북쪽으로 향했다. 1세기에 이 지역은 로마가 다스리는 사마리아 지역이었고, 그 지역의 주요 도시도 사마리아라고 불렸다.

이 이야기의 대상이 '지역'이든 '도시'든 관계없이 이곳은 초대 교회에게 있어서 매우 강력한 시험장이 될 장소라고 할 수 있다. 사마리아 지역은 역사의 어느 한 순간에는 완전히 유대적이기도 했지만, 지금은 더 이상 그렇지 않다. 앗수르는 750년 전에 이 지역을 초토화시켰고, 이곳에 사는 거의 모든 유대인을 추방했다. 돌아온 이들은 비유대인들과 통혼하여 그들의 종교적인 견해를 무분별하게 수용했고, 그 결과 우상 숭배와 주님을 향한 예배가 뒤섞여 버렸다(왕하 17:40-41).

예수 시대 때, 이 지역에 사는 자들은 사마리아인Samaritans으로 알려졌다. 이들은 우상을 숭배하지는 않았지만, 일반적인 유대인들과는 다른 방식으로 생각하고 예배했다. 왜냐하면 그들은 토라(구약의 첫 다섯 권)만이 유일하게 신성한 문서라고 생각했기 때문이다. 모세만이 그들이 인정하는 유일한 선지자였고, 진정으로 거룩한 단 하나의 산은 예루살렘의 시온이 아니라 오히려 그리심산이라고 생각했다.(요 4:19).

　도시 사마리아는 기본적인 세계관 자체가 한참이나 엇나가 있었다. 구약 시대에 이곳은 아합과 이세벨의 집이었는데, 그들은 이곳에 바알 신전을 세웠다(왕하 16:29-33). 이 신전은 교회가 사마리아로 팽창하던 때에는 이미 없어졌지만, 헤롯 대왕Herod the Great은 같은 곳에 한 신전을 지어서 로마 황제 아우구스투스(가이사 아구스도, 눅 2:1)Caesar Augustus를 예배하기 위한 장소로 봉헌했다.[6] 헤롯은 이 도시의 이름을 사마리아에서 세바스트(아우구스투스의 그리스식 이름)Sebaste로 바꾸었다. 사마리아는 죄에 대해 무감각해진 이교적 장소였다. 이 도시의 이러한 특징은 우리가 이곳에서 시몬이라는 유명한 마술사를 만나면서 더욱 명확해진다(행 8:9-10).[7]

　만약 당신이 직접 장소에 맞게 인원을 배치할 수 있다면, 이곳이야말로 당신이 파송할 수 있는 최고의 선교사, 말하자면 베드로나 요한과 같은 사람을 보내야만 하는 곳이리라. 그러나 그곳에 파송된 사람은 전혀 다른 인물이었다. 초대 교회의 집사였던 빌립이 사마리아에 배정되었다. 이러한 결정은 성공에 대한 기대를 현저히 떨어뜨리는 것이 사실이지만, 우리는 그 낮은 기대감이 곧바로 뒤집히는 것을 보게 된다. "무리가 빌립의 말도 듣고 행하는 표적도 보고 한마음으로 그가 하는 말을 따르더라 많은 사람에게 붙었던 더러운 귀신들이 크게 소리를 지르며 나가고 또 많은 중풍병자와 못 걷는 사람이 나으니 그 성에 큰 기쁨이 있더라"(행 8:6-8).

　이 소식은 예루살렘 교회의 허를 찔렀다. 예루살렘 교회는 사마리아인들이 예수를 구원자로 알게 되었다는 보고를 의심했다. 그래서 예루살렘 교회는 조사를 위해 재빨리 베드로와 요한을 파견했다. 사마리아에 도착한 그들은 빌립이 가르친 내용을 수정하지 않았고, 빌립이 세례를 준 자들에게 다시 세례를 주는 일도 하지 않았다. 대신, 베드로와 요한은 새로운 신자들을 위해서 기도해 주었다. 그러자 일이 벌어졌다. 성령께서 오순절에 예루살렘에 임하셨던 것과 똑같은 방식으로 임재하셨다(행 8:17). 예루살렘보다 사회 종교적으로 훨씬 더 도전적인 환경이었던 사마리아에 복음이 전파되었는데, 예루살렘에서 나타난 것과 똑같은 결과를 낳은 것이다.[8]

　다음 이야기는 분명 유대 지역의 이야기이지만, 순식간에 에디오피아 이야기가 된다(행 8:26-39). (사도 말고 집사) 빌립은 사마리아에서 광야 길로 이동하는데, 그 길은 예루살렘에서 가사Gaza로 내려가는 길이다(행 8:26). 지리학자들은 이 사건이 정확

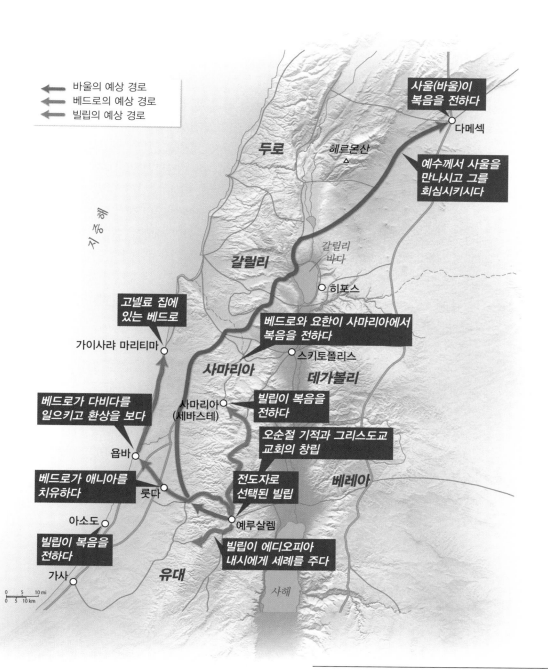

바울의 예상 경로
베드로의 예상 경로
빌립의 예상 경로

사울(바울)이 복음을 전하다

다메섹

두로

헤르몬산
△

예수께서 사울을 만나시고 그를 회심시키시다

지중해

갈릴리

갈릴리 바다

히포스

고넬료 집에 있는 베드로

가이사랴 마리티마

베드로와 요한이 사마리아에서 복음을 전하다

스키토폴리스

사마리아

데가볼리

베드로가 다비다를 일으키고 환상을 보다

사마리아 (세바스테)

빌립이 복음을 전하다

오순절 기적과 그리스도교 교회의 창립

욥바

베레아

베드로가 애니아를 치유하다

룻다

전도자로 선택된 빌립

아소도

예루살렘

빌립이 에디오피아 내시에게 세례를 주다

빌립이 복음을 전하다

가사

유대

사해

0 5 10 mi
0 5 10 km

10.2 빌립, 베드로, 그리고 바울

히 어디에서 일어났는지 알아내기 위해 상당한 양의 시간과 에너지를 투자했지만,[9] 사실 가장 좋은 것은 이야기가 관심을 두는 곳에 우리도 초점을 맞추는 것이다. 이야기 대부분은 아프리카의 한 나라인 에디오피아에서 유대 명절을 지키기 위해 찾아온 내시의 수레chariot 안에서 일어났다.

이 에디오피아 사람은 예루살렘에서 예배를 드린 후 본국으로 돌아가고 있었다. 그는 내시였기 때문에 성전 안쪽까지 들어갈 수가 없었다(신 23:1). 이 말은 그가 하나님의 말씀에 대해 더 깊이 이해하고 싶어도 예루살렘의 유대교 선생들을 제대로 만날 방법이 없다는 것을 뜻하는 것이기도 하다. 그는 이사야 53장의 말씀이 무슨 의미인지 알고 싶었으나, 분명한 답을 얻지 못한 채 돌아가야만 했다.

그는 덜컹거리는 마차를 타고 길을 따라 내려가던 중에 빌립을 만났고, 그에게 자신의 좌절감을 드러냈다. "지도해 주는 사람이 없으니 어찌 깨달을 수 있느냐?"(행 8:31). 그래서 빌립은 이사야 53장에서 시작하여 "예수를 가르쳐 복음을 전했다"(행 8:35). 이 아프리카계 하나님 경외자African God-fearer의 반응은 예루살렘의 유대교 신자들의 반응과 다르지 않았다. 마차가 물 있는 곳 곁을 지나갈 때, 그는 세례를 받게 해 달라고 요구했다.

우리는 복음이 사마리아 사람들과 하나님을 경외하는 에디오피아 사람을 변화시키는 것을 보면서 우리가 앞에서 제기했던 질문들에 대한 답을 차츰차츰 얻고 있다. 그러나 아직까지 우리는 커다란 시험 하나를 남겨 두고 있다. 그것은 베드로가 가이사랴 마리티마Caesarea Martima에 도착하면서 윤곽이 드러난다(행 10장). 이 유대 이야기는 우리를 지중해 연안으로 데리고 가는데, 헤롯 대제는 이곳에 항구를 겸하는 대도시를 건설했다. 헤롯은 로마의 예술과 건축, 그리고 그 세계관을 사랑했다. 헤롯은 자신과 로마를 연결하는 항구 도시를 건설했는데, 그 도시의 겉모습과 생활방식은 그야말로 완전히 헬라화된 것이었다. 헤롯이 죽자 그 후임으로 임명된 로마 총독들은 가이사랴를 그들의 지방 수도로 사용했다.

복음이 가이사랴에 이르는 길에는 두 가지 장애물이 놓여 있었다. 첫째, 그레코로만 환경에 살던 자들은 대부분 이방인들이었다. 그들은 구약에 대한 배경지식이 없어서 예수의 오심을 잘 이해하지 못했고, 그가 죄 용서를 위해 십자가에 달리시고 죽은 자들 가운데서 부활하신 사건의 중요성도 알지 못했다. 그들은 로마 황제를 숭배하던 신전을 포함하여 이 도시에 죽 늘어서 있는 수많은 신전에서 숭배받던 신들로 가득한 이방 세계만을 알고 있을 뿐이었다. 그들의 신학적 어휘에는 회개, 용서, 믿음, 은혜와 같은 단어들로 표현된 기독교적 메시지를 이해할 수 있게 해 주는 용어들이 없었다.

이 도시가 복음을 만나는 데 있어 두 번째 장애물은 유대인들 스스로가 이방 세계에 참여하는 것을 극도로 꺼린다는 점이었다. 주님께서는 식습관과 관련해서 엄격한 문화적 지침 사항을 제시하셨다. 이것은 하나님의 선택받은 백성들을 이방 세계의 이념으로부터 지키고자 하는 목적으로 의도된 것이었다. 이 음식법 때문에 유대인들은 이방인들을 완전히 기피했고,[10] 그중에서도 로마의 통치 기구에 속한 이방인들에게는 특히나 더 심했다.

이 때문에 가이사랴 이야기는 초대 교회에 대한 실질적인 시험대가 되었다. 고넬료 이야기가 매우 자세하게 소개된 것도 바로 이러한 이유 때문이다. 고넬료는 이달리야 부대의 로마 백부장이었고, 우리의 기대에 부응하듯이 그는 가이사랴에 있었다. 그리고 베드로 역시 우리의 예상대로 욥바라는 유대인 항구에 있었다. 그러나 주님께서는 이 두 사람에게 각각 환상을 보여 주셔서 그들의 만남이 성사되게 하셨다.

주님께서는 고넬료에게 천사를 보내셔서 사람을 보내 베드로를 부르라고 지시하셨다. 그러는 동안에 주님께서는 베드로에게 환상 중에 나타나셔서 유대인들이 먹을 수 있는 동물들과 먹지 못하는 동물들을 보여 주셨다. 한 음성이 들리며, 베드로에게 잡아서 먹으라고 했다. 베드로는 이것을 시험이라고 생각하고 거절했다. 그러나 베드로의 거절은 하늘로부터 들려온 음성— "하나님께서 깨끗하게 하신 것을 네가 속되다 하지 말라"(행 10:15) —에 부딪혔다. 이러한 일이 세 번이나 일어났고, 그 후에 베드로는 문 앞에서 자신의 이름을 부르는 소리를 들었다. 그들은 고넬료가 보낸 가이사랴에서 온 이방인들이었다.

그래서 베드로는 호기심과 불확실성, 그리고 내키지 않는 마음으로 욥바라는 유대 세계를 떠나 가이사랴라는 이방 세계로 향했다. 다음 날 베드로가 도착했을 때, 그는 욥바에서 자신이 본 환상을 자신 앞에 있는 이방인 청중과 연결시키면서도 떨쳐 버릴 수 없는 마음의 의구심을 다음과 같이 표현했다. "유대 사람으로서 이방 사람과 사귀거나 가까이하는 일이 불법이라는 것은 여러분도 아십니다. 그런데 하나님께서는 나에게, 사람을 속되다거나 부정하다거나 하지 말라고 지시하셨습니다"(새번역, 행 10:28).

그러나 다음 순간, 이 이교도의 도시에 사는 이방인들에게서 주님의 메시지를 듣고자 하는 열망과 필요를 목도하게 된 베드로의 내면에 강력한 변화가 있어났다. 베드로는 입을 열어 다음과 같이 말했다. "내가 참으로 하나님은 사람의 외모를 보지 아니하시고 각 나라 중 하나님을 경외하며 의를 행하는 사람은 다 받으시는 줄 깨달았도다"(행 10:34-35). 베드로가 예수를 통해서 하나님의 평화가 임하게 되었다는 좋은 소식을 전하자, 성령께서 이방인들 위에 내려오셨고, 모두가 예수 그리스도의 이름으로 세례를 받았다. 이것은 오순절 기적이 다시 일어난 것임에 틀림없지만, 이번에는 예루살렘에서 유대 순례객들을 위해 벌어진 것이 아니라, 가이사랴에서 이방인들을 위해 일어난 오순절 성령 강림 사건이었다.

베드로가 예루살렘으로 돌아왔을 때, 그는 가이사랴에 사는 이방인을 만난 것을 반대하는 유대교 신자들로부터 거친 심문을 받게 되었다. 그들의 비판은 처음에 베드로를 주저하게 만든 것과 정확히 같은 부분에 초점이 맞추어져 있었다. "당신은 할례를 받지 않은 사람들의 집에 들어가서, 그들과 함께 음식을 먹은 사람이오"(새번역, 행 11:2).

베드로는 자신의 이야기를 그들에게 나누면서, 주님께서 어떻게 욥바에서 가이사랴로의 여행을 사용하셔서 자신의 패러다임을 완전히 바꾸셨는지를 설명했다. 베드로가 내린 결론은 자신에게 일어난 변화의 핵심을 잘 보여 주었다. "그러므로 하나님께서는, 우리가 주 예수 그리스도를 믿을 때에 우리에게 주신 것과 같은 선물을 그들에게 주셨는데, 내가 누구이기에 감히 하나님을 거역할 수 있겠습니까?"(새번역, 행 11:17). 베드로는 주님의 계획을 방해하고 있었던 것이었고, 지금 예루살렘도 똑같은 일을 하고 있는 것이다. 우리는 숨을 죽이며 예루살렘 교회가 응답하기를 기다렸다. 그리고 이 이방인들에게 일어난 오순절 이야기가 베드로에게 영향을 주었던 것처럼 예루살렘 사람들에게도 같은 영향을 주게 될지 궁금하다. 곧 결정적인 대답이 나왔다. "이 말을 듣고 그들은 잠잠하였다. 그들은 하나님께 영광을 돌리고 '이제 하나님께서는, 이방 사람들에게도 회개하여 생명에 이르는 길을 열어 주셨다' 하고 말하였다"(새번역, 행 11:18).[11]

복음의 메시지가 예루살렘을 넘어 구약에 대한 왜곡된 견해를 가지고 있거나, 구약을 잘 모르거나, 구약에 대한 경험이 전혀 없는 사람들을 참여시키고자 할 때 어떤 일이 일어날까? 유대와 사마리아에서 일어난 이 세 가지 이야기가 그 대답을 제공한다. 복음 메시지는 그것이 오늘날에도 여전히 행하는 바로 그 일을 했다. 그것은 바로 사람들을 주님과의 영원한 관계로 끌어들이기 위해 지리적이고, 인종적이고, 세계관적인 장애물을 뛰어넘는 것이었다.

■ 땅끝으로 가는 초대 교회

사도행전 13장에서는 구원 이야기의 극적인 전환이 이루어진다. 약속의 땅에 단단히 고정되어 있던 이야기가 이제는 예루살렘에서 로마로 가는 여행을 시작한다. 우리가 오늘날의 터키, 그리스, 이탈리아를 관통하는 바울의 이동 경로를 추적하다 보면, 복음 메시지가 이스라엘과는 매우 다른 사회 종교적인 세계에 전파되는 것을 보게 된다. 그 세계는 주요 도시들, 이교도 신전들, 미신적인 신앙들, 새로운 사회 구조들이 가득한 세계였다. 우리는 이러한 장소들이 드러내는 저항을 보면서 선교사들의 적응과 인내를 볼 뿐만 아니라, 복음을 예루살렘에서 땅끝까지 이르게 하시는 성령의 축복에 감사하게 될 것이다.

누가는 바울을 주인공으로 하여 네 개의 단위로 된 이야기를 들려준다. 이 이야기는 바울의 세 번에 걸친 선교 여행과 그 이후의 로마 여행으로 되어 있다. 바울이 걸어간 길들과 그가 방문한 장소들의 흔적을 더듬고자 한다면 이 책에 제시된 지도를 통해 확인하는 것이 가장 좋다.

- 지도 10.3: 1차 선교 여행 (행 13:1-14:28)
- 지도 10.4: 2차 선교 여행 (행 15:36-18:22)
- 지도 10.5: 3차 선교 여행 (행 18:23-21:16)
- 지도 10.6: 로마 여행 (행 21:17-28:31)

그러나 바울이 여행 중에서 만난 문화적 맥락이나 세계관의 극적인 변화는 이 지도들에는 드러나 있지 않다.

우리가 첫 번째로 주목해야 하는 것은 이 이야기가 사도행전에서 약속의 땅을 떠나고 있다는 것이다. 성경의 거의 모든 지면에서 지리적인 초점은 이스라엘에 놓여 있었다. 이 땅은 주님께서 자기 자신을 세상에 계시하시고, 에덴에서 잃어버린 축복을 회복시키는 구원 사역을 실행하기로 택하신 곳이다.

구원 이야기는 이 땅을 배경으로 하여 잘 짜여져 있었다. 우리는 한 걸음씩 앞으로 걸어 나갈 때마다 이 구원 이야기를 만났다. 아브라함과 사라의 이야기, 한나와 사무엘의 이야기, 여호수아와 다윗의 이야기에서 우리는 구원 이야기를 접하게 된다. 그리고 하나님께서 택하신 백성들이 이러한 이야기들로 충만한 땅을 지나 명절을 지키기 위해 예루살렘으로 갔을 때, 그들은 주님께서 자신이 누구이고 인생들을 어떻게 생각하시는지를 드러내시는 장소로서 다른 모든 곳들과 구별된 도시에 이르게 되었다. 예루살렘은 하나님께서 "나는 스스로 있는 자이다. 내가 너와 함께 한다. 내가 너를 용서한다"고 선언하신 곳이다.

　이러한 선언은 단순하면서도 심오하다. 그러나 바울이 복음을 들고 찾아간 곳에서 만난 사람들은 이러한 선언에 사실상 별 관심이 없었다. 그래서 바울이 이스라엘

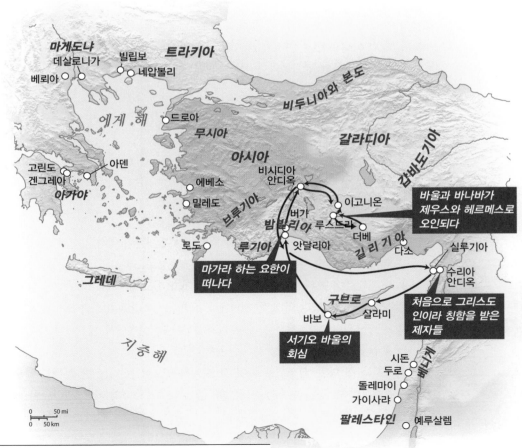

10.3 바울의 첫 번째 선교 여행

바깥에 있는 세상을 여행할 때, 그가 찾을 수 있는 한에서는 가장 "이스라엘 같은" 장
소에서 사역을 시작했다는 사실은 놀라운 일이 아니다. 즉, 바울은 도시와 마을에 있
는 회당synagogue에 먼저 방문하면서 사역을 시작했다(예를 들면, 행 13:5, 14).

여기에서 바울은 회당 모임에 참석하지 않는 사람들보다는 자신이 전하는 메시지
에 신학적으로나 문화적으로 더 많이 연결된 사람들을 만났다. 그러나 이스라엘 바
깥에 있는 회당에 참여하는 사람들의 구성은 이스라엘 안에 있는 회당의 상황과는
전혀 달랐다. 이 디아스포라 회당들에는 여러 종류의 사람들이 있었다. 몇몇은 인종

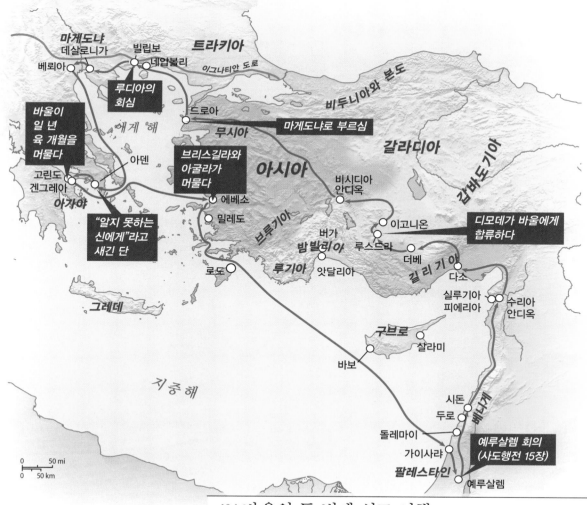

10.4 바울의 두 번째 선교 여행

적으로 유대인이었지만, 대부분은 그렇지 않았다. 일부 이방인들은 유대교를 총체적인 방식으로 받아들인 개종자들이었지만, 회당에 참석하는 또 다른 이방인들은 유대교 신앙의 법과 유산이 요구하는 것보다는 좀 더 가벼운 관계를 맺는 사람들이었다. 소위 "하나님을 경외하는 자들"로 불린 이 사람들이 바울의 메시지를 듣는 청중의 상당 부분을 차지했다(행 16:14; 17:17; 18:7).

회당 밖에서 바울과 그의 동료들은 철저하게 이국적인 환경을 향해 문화적으로 중요한 발걸음을 내디뎠다. 이방인들에게 유일하신 하나님만을 숭배해야 한다는 생각은 상상도 할 수 없는 것이었다. 왜냐하면 고대인들은 과학을 사용해서 신비로운 현

10.5 **바울의 세 번째 선교 여행**

상을 설명하려고 하는 현대인들과는 다르게, 그들 주변에서 일어나는 신비로운 자연 현상을 설명하기 위해서 수많은 신을 동원했기 때문이다.

그 많은 신들deity pool을 하나로 줄인다는 것은 세상이 어떻게 작동하는지에 대한 근본 전제를 포기하는 것을 의미했다. 이스라엘 밖에서는 '많은 신'에 대한 개념이 의심의 여지가 없는 사실이었다. 이것은 마음에서만이 아니라 건축에서도 분명하게 나타났다. 이교의 신전은 바울이 방문한 거의 모든 도시에서 스카이라인을 지배했다. 로마의 무수한 신전은 말할 것도 없고 살라미Salamis의 제우스Zeus 신전, 바보Paphos의 아프로디테Aphrodite 신전, 아덴Athen의 파르테논Parthenon과 니케Nike 신전, 에베소 Ephesus의 아르테미스Artemis 신전이 그러했다. 그러한 다신교의 기념물들은 고대의 철학적 논증과 결합하여 "오직 유일한 하나님만이 계시고, 나는 그분으로부터 받은 메시지를 전한다"는 바울의 선언을 반대했다.

게다가 예루살렘 너머의 세상은 사람들이 생각하고 믿는 방식에 영향을 주는 신화와 미신들로 가득한 와일드 웨스트Wild West(미국 개척 시대의 거친 서부 지역을 일컫는 말—역주)였다 우리는 바울과 바나바가 루스드라Lystra에 도착했을 때 이것을 목

10.6 바울의 로마 여행

격하게 된다. 이 지역 사람들은 하나님으로부터 온 이 메신저들이 진짜 신神이라 생각하고 즉시 제사를 준비했다(행 14:11-13). 이들의 충격적인 행동은 오비디우스Ovid의 『변신 이야기』Metamorphoses, 8:626-725에서 들려주는 내용에서 비롯되었다. 거기에 보면, 두 신인 제우스와 헤르메스가 변장을 하고 도시를 방문하는 내용이 나온다. 루스드라의 선조들은 그 신들을 알아보지 못하고 공경하지 않았기 때문에 신들이 주는 축복을 놓친 바 있다.[12] 복음은 이러한 종류의 미신과 직면했을 뿐만 아니라, 운명이나 신들을 조종하기 위해 두루마리에 주의 깊게 기록된 주문을 사용하는 마법사들도 직접 대면해야 했다(행 13:6-12; 19:18-19). 또한 그 밖에도 미래를 흘낏 보고 알려 주는 점쟁이들이나 돈을 받고 통찰력을 안겨 주는 점성가들과 예언자들도 있었다(행 16:16).

약속의 땅을 넘어선 이 세계는 철학자들의 사회로도 복음을 가져다주었다. 특히 아덴은 철학과 오랜 관계를 맺고 있는 곳이다. 성경은 아덴이 다음과 같은 장소라고 이야기한다. "모든 아덴 사람과 거기서 나그네 된 외국인들이 가장 새로운 것을 말하고 듣는 것 이외에는 달리 시간을 쓰지 않음이더라"(행 17:21). 여기에서 바울은 스토아 및 에피쿠로스 철학자들과 논쟁을 벌인다. 이들은 바울을 "말쟁이"babbler라고 일축해 버렸다(행 17:18). 이 말은 아덴 같은 곳이 자랑하는 세련된 사상이 결핍된 자를 일컫는다.

복음은 또한 극단적으로 부도덕한 세상 가운데서도 발견된다. 물론 이스라엘도 도덕적인 과실이 없지 않았지만, 도를 넘는 행위를 억제하고 올바른 삶을 규정하는 역할을 하는 구약 율법의 덕을 톡톡히 봤다. 그러나 고대 근동의 이교적 세계에는 신성하게 규정된 삶을 위한 법이 없었다. 어떤 곳들은 심지어 부도덕을 시민의 자랑거리로 삼기까지 했다. 예를 들면, 고린도라는 이름은 "부도덕한 삶"을 의미하는 그리스 동사가 되었다.[13] 이 도시의 도덕은 아프로디테 신전과 그곳에서 일하는 1,000명의 종교 창녀들이 이끌었다. 바울은 18개월을 고린도에서 보냈고, 성령께서는 사람들의 마음을 바꾸셨다. 그러나 심지어 신자가 된 사람들에게도, 고린도 지역의 부도덕한 삶이 끌어당기는 힘은 강력했다. 고린도는 문제를 일으키는 교회였다. 그래서 바울은 바로 이 교회에 최소한 두 번 이상 교정 서신corrective letters을 보내야 했다.

복음은 또한 이스라엘 바깥의 세상에서 새로운 사회 구조들을 만났다. 사도행전의 이 부분에서 언급되는 주요 도시들은 모두 중요한 상업, 교통의 중심지에 자리 잡고 있다. 그렇기 때문에 복음이 그 도시들로부터 주변 지역으로 전파될 수 있었다.[14] 이 지역들은 이스라엘의 작은 마을들이 아니라 고린도나 에베소와 같이 수십만의 인구가 사는 대도시들이었다. 로마는 무려 100만의 거주민을 자랑했다. 이 도시들의 사회 관계망은 우리가 이스라엘의 마을에서 볼 수 있었던 가족이나 씨족, 혹은 부족을 기반으로 한 그것과는 전혀 달랐다. 이곳의 사회는 이 도시들의 사회경제적인 구조를 반영하는 많은 계층을 가지고 있다. 사람들은 노예나 자유인, 또는 원로원Senatorial이나 기사단Equestrian, 도시 참사회원Decurion 계층의 구성원이라는 표찰로 자신들을 정의했다.[15] 사업은 후원자-수혜자patron-client 시스템을 기반으로 이루어졌고, 이것은 후원자의 보다 더 큰 힘과 지위를 어려운 사람들과 연결 짓는 시스템이었다.[16] 바울은 복음을 전하기 위해서 이 세계를 여행할 때, 이러한 사회적 복잡성을 지닌 통로들을 따라 항해해야 했다.

사도행전 12장에서 13장으로 넘어가면서 우리는 장소와 세계관, 그리고 사회적 현실 등이 극적으로 변화하는 것을 보게 된다. 기독교를 그것이 탄생한 지리적 배경과는 거리가 먼 세계에 전파한다는 것이 무엇을 의미하는지 생각해 보라. 이러한 긴장은 실재적이고 쉽게 자각할 수 있는 것이었다. 기독교 메시지는 이교도의 다신론적인 사고체계를 대체해야 했을 뿐만 아니라, 위로부터 주어지는 일상의 삶에 대한 하나님의 인도하심을 전혀 모르는 세계관과 명확히 구분되는 대안으로서 제시되어야 했다.

회당은 그런 부분에서 분명 협력자였지만, 동시에 큰 걸림돌이기도 했다. 예수의 메시지를 전통 유대교에 포함시키려고 하는 유혹이 있었던 것이다. 이것은 유대인으로서의 성격을 그대로 유지한 채 그리스도를 받아들인 사람들Judaizers이 애용하는 방식이었다. 그들은 예수를 따르는 자가 된 이방인들이 할례를 포함한 구약의 모든 율법을 지켜야 한다고 주장했다. 이 문제는 이스라엘 밖에 있는 회당들에서도 곪아 터지기 일보 직전이었고, 결국 예루살렘에 소집된 공의회에서 해결되었다(행 15장).

동시에 바울은 예수 운동과 유대교 사이에 너무 많은 간격을 두지 않으려고 조심해야 했다. 둘 사이를 완전히 분리하는 것은 법적인 부분에서 꽤 위험한 일이었다. 우리는 고린도 교회가 바울에게 제기한 혐의에서 이에 대한 힌트를 얻는다(행 18:13). 로마는 유대교가 오래된 종교라는 것과 아울러 사회 안정에 이바지한 부분 때문에 '허가된 종교'religio licita로 승인해 주었다. 로마는 유대교에 공공집회 모임을 할 수 있는 권한을 주고, 황제 숭배도 면제해 주었다. 기독교가 유대교와 연결되어 있는 한, 기독교도 이와 같은 혜택을 누릴 수 있었다. 그러나 로마가 기독교를 별개의 실체로 보게 된다면, 기독교는 그러한 보호를 잃어버리게 될 것이다.[17]

바울이 회당 밖으로 발걸음을 내디뎠을 때, 그는 자신이 전하는 복음을 이해할 수 있는 그 어떤 배경 지식도 가지지 않은 이교 세계에 발을 들여놓는 것이었다. 그들은 유일하신 참 하나님보다는 여러 신에 대해 잘 알고 있었다. 그리고 그들은 하나님께서 누구신지, 그리고 그분이 인간과 관계 맺는 것에 대해서 어떻게 생각하시는지를 정의하는 일련의 새로운 용어들을 배워야 했다. 그래서 바울은 자신의 청중들이 있는 곳에서 시작했다. 아덴에서 바울은 신전들과 조각상들, 그리고 여러 신에 대한 공경의 비문이 즐비한 거리를 출발점으로 삼았다. "아덴 사람들아 너희를 보니 범사에 종교심이 많도다. 내가 두루 다니며 너희가 위하는 것들을 보다가 알지 못하는 신에게라고 새긴 단도 보았으니 그런즉 너희가 알지 못하고 위하는 그것을 내가 너희에게 알게 하리라"(행 17:22-23).

바울이 전한 메시지의 새로움은 사도행전에 묘사된 세 번의 선교 여행을 보여 주는 지도에서 우리가 보게 되는 여행 패턴에도 영향을 미쳤다. 바울이 여행한 경로는 직선이 아니라, 고리 모양으로 되어 있다. 바울은 두 번, 때로는 세 번이나 이미 방문했던 장소로 되돌아왔다. 방문할 수 없을 때는 서신을 보냈다. 이것은 부분적으로 바울이 전했던 새로운 세계관—즉, 유일신 신학과 자기 아들을 보내셔서 고난과 죽음을 겪게 하시고 부활하게 하신 하나님에 대한 묘사—이 고대 사람들이 생각하는 방식으로부터 온전히 벗어났다는 사실 때문이었다.

바울은 예루살렘이 가르친 것, 즉 하나님이 한 분이시며, 그분은 우리와 함께하시는 분이시고 예수로 말미암아 우리의 죄를 용서하신 분이라는 사실들에 대해 분명히 동의했다. 반면에 바울의 가르침에 대한 예루살렘의 지지는 미미했다. 그럼에도 불구하고 바울의 거듭된 방문과 편지들은 기독교 메시지를 강화하고 선명하게 만드는 역할을 했다. 이것이 바로 복음이 예루살렘에서 땅끝까지 전해진 방식이다.

■ 교회가 에덴동산으로 돌아오다

　시작과 결말이 중요하다. 이야기의 시작은 우리가 하는 여행의 본질과 우리가 따라야 하는 길을 규정한다. 결말에서 우리는 그동안 우리가 어디에 있었는지를 이해하게 된다.

　성경의 시작(창세기)과 끝(요한계시록) 사이에서, 성령의 영감을 받은 저자와 시인들은 우리를 긴 여정으로 데리고 간다. 우리는 수천 마일을 걸으며 아주 다양한 풍경들을 보게 될 것이고, 이 풍경들은 모두 점진적으로 발전되는 구원 계획에서 중요한 역할을 감당한다. 그러나 우리가 결코 놓칠 수 없는 것이 있다. 그것은 바로 성경의 이야기가 같은 곳, 즉 에덴동산에서 시작되고 끝난다는 것이다.

　요한계시록은 성경을 마무리하는 책인 동시에 어느 모로 봐도 읽기에 도전적인 책이다. 우리는 이 책의 역사적 맥락에 주목함으로써 그러한 도전을 어느 정도 극복할 수 있다. 사도 요한은 초대 교회를 향한 적대감이 고조되는 시대에 땅에서의 자신의 삶과 성경 이야기를 끝마쳤다. 요한은 당시의 로마 황제 도미티안Domitian에 의해 밧모섬island of Patmos으로 유배되었다(계 1:9). 도미티안은 법을 중시했고 숙명론자였으며 잔인한 데다 날이 갈수록 점점 더 불안정해졌다.

　도미티안은 통치 말년에 가서 모든 사람으로 하여금 자신을 "주와 하나님"dominus et deus, lord and god으로 부르도록 명령함으로써 스스로 그러한 불안정함을 드러냈다.[18] 황제숭배는 신약 시대의 처음부터 존재해 왔지만, 도미티안은 이제 그것을 로마에 대한 충성도를 측정하는 리트머스 시험지로 사용했다. 사람들은 누구나 황제의 형상에 제사를 지내든지, 그것이 싫으면 무신론자라는 혐의와 더불어 그에 따른 형벌을 받아야만 했다.[19]

　도미티안의 칙령은 초대 교회를 로마 권력과 충돌하는 길로 몰아넣었다. 예수를 따르는 자들은 박해와 고문을 받고 죽임을 당했다. 요한은 예수께서 직접 자신에게 주신 강력한 말로 그들을 권면하였다. "네가 죽도록 충성하라. 그리하면 내가 생명의 관을 네게 주리라"(계 2:10). "이기는 자는 이와 같이 흰 옷을 입을 것이요. 내가 그 이름을 생명책에서 결코 지우지 아니하고 그 이름을 내 아버지 앞과 그의 천사들 앞에서 시인하리라"(계 3:5). 그러나 교회는 로마 제국의 바퀴 아래 짓밟히고 있는 상황이었기 때문에 승리를 확신하는 것은 어려운 일이었다.

그래서 예수께서는 요한에게 환상적이면서 초현실적인 이미지를 보여 주신 것이다. 오늘날의 기독교인들은 요한계시록의 중심부에서 펼쳐지는 자극적인 내용들의 세부사항을 이해할 수 있는 최고의 방법이 무엇인지에 대해서 논의하고 있지만, 그 이미지들의 본질은 분명히 두 가지 현실을 가리킨다. 그리고 결국에는 우리가 환상들의 세세한 부분들을 어떻게 해석하기로 정하든 간에, 이 책이 진리에 입각해 있다는 사실을 발견하게 된다.

첫째, 예수 그리스도의 교회는 교회를 해치고자 하는 자들로 말미암은 점점 더 강력해지는 반대에 계속해서 직면할 것이다. 갈등의 강도는 점점 커질 것이고, 그것은 그리스도를 왕좌에서 끌어내리려는 반대파의 마지막 노력에서 절정에 이를 것이다. 우리는 이것을 확신할 수 있다. 상황은 더 나빠질 것이다.

두 번째 현실도 첫 번째 현실과 마찬가지로 확실하다. 상황은 더 좋아질 것이다. 우리는 예수께서 공격을 이끄시는 전사이시기 때문에 마지막 전쟁에서 누가 이기게 될지를 알고 있다. 우리는 전쟁이 시작되고 로마 황제와 같은 무시무시한 자가 교회를 향한 공격을 시작했음에도 불구하고 멀리서 승리의 노래가 울려퍼지는 소리를 듣는다. 이 마지막 전쟁의 참호 속에 있는 자들에게, 요한계시록은 희망과 격려의 메시지이다. 우리는 시작과 끝을 알고 있는데, 특히 그 끝은 영광스럽기만 한 것이 아니라 지리적이기도 하다.

그렇다면 요한계시록이 진리를 전달하는 방식에서 지리는 어떠한 역할을 하는 것일까? 지리의 첫 번째 역할은 죄의 저주에 관한 마지막 때의 교훈들이 선포되는 장소를 지도에 실제로 표시할 수 있다는 점이다. 요한계시록은 아시아 지방의 도로 체계가 연결해 주는 일곱 교회에 쓰인 회람 서신circulating letter이다(지도 10.7). 그 일곱 교회는 에베소, 서머나, 버가모, 두아디라, 사데, 빌라델비아, 라오디게아 교회다(계 1:4, 11).[20]

이러한 지리적인 상황들로 인해 요한계시록의 메시지는 현실 세계에 기반을 두게 된다. 요한계시록은 우리로 하여금 실제 장소에 살면서 실제 도전에 직면한 현실 속 사람들의 삶을 살펴보게 한다. 죄의 저주는 실제 현실에서 끝이 나는 것이다. 이 일곱 도시에 대한 언급과 그곳에 사는 기독교인들이 직면한 도전은 계시록의 시작을 설득력 있게 만들 뿐만 아니라, 그 메시지를 그들과 우리 자신의 삶 속에 각인시킨다.

　　요한계시록 안에서 지리가 감당하는 두 번째 역할은 더욱 희망적이다. 이것은 우리를 지도와 관련이 없는 지리적 현실로 이동시킨다.[21] 왜냐하면 요한이 우리가 아직가 보지 못한 장소에 대해서 이야기하기 때문이다. 그곳은 바로 새 하늘과 새 땅, 새예루살렘, 바로 에덴동산으로의 복귀다.

　　이러한 미래의 장소들이 우리가 이전에 방문했던 장소들과 묶여 있을 뿐 아니라,이 모든 것이 구약의 첫 번째 책에 기록된 가장 첫 문장, "태초에 하나님이 하늘과 땅을 창조하셨다"(창 1:1)는 진술과 함께 시작된다는 사실에 주목해야 한다. 하늘과 땅은우리 자신을 포함해서 이어지는 모든 이야기를 위한 지리적인 무대다. 타락, 아브람과사래를 부르심, 이스라엘의 약속의 땅 입성, 이스라엘의 포로 됨, 예수의 탄생과 죽음과 부활, 그리고 우리의 탄생과 죽음과 부활까지. 이러한 모든 것들은 하늘 아래에 있

10.7 **요한계시록의 일곱 교회**

는 땅에서 일어나는 일이다.

요한이 본 환상은 이 무대 너머를 바라본다. 그곳은 완전히 새로우면서도 근본적으로 옛것과 관련되어 있다. 요한은 그것을 "새 하늘과 새 땅"이라고 부른다(계 21:1). 다른 성경 저자들도 이러한 생각을 언급하지만(사 66:22; 벧후 3:13), 요한보다 이 새로운 생활 공간에 대해서 더 많은 정보를 제공하는 사람은 없다. 그런데 "새롭다"는 것은 과연 무슨 의미일까?

이에 대한 답변의 일부는 또 다른 지리적 명칭에서 얻을 수 있다. 새 하늘과 새 땅에는 바로 "새 예루살렘"이 있을 것이다(계 3:12; 21:2, 10). 옛 예루살렘은 성경에서 가장 자주 언급된 도시이다. 주님께서는 그곳을 자신의 도시로 택하셨다(시 132:13-14). 그리고 주님께서는 그 도시와 그곳에 있는 성전을 사용하셔서 자신에 대한 오해를 바로잡으시고 인류와의 깨어진 관계를 회복하고자 하셨다.

옛 예루살렘은 주님으로부터 받은 세 가지 강력한 메시지를 세상에 전했다. 하나님은 한 분이시다. 하나님은 우리와 함께하신다. 하나님은 우리를 용서하신다. 새 예루살렘도 같은 메시지와 연결되어 있지만, 옛 예루살렘이 결코 성취하지 못했던 결말과 관련이 있다. "이루었도다! 나는 알파와 오메가요 처음과 마지막이라 내가 생명수 샘물을 목마른 자에게 값없이 주리니"(계 21:6). 한 분 하나님만이 계신 이 세상에서 이교적 세계관은 수많은 신을 만들어 냈다. 새 예루살렘은 하나님께서 한 분이시고 충분하다는 메시지를 분명히 한다.

이 천상의 도시는 또한 전능하신 분과 영원한 교제를 누리는 장소가 된다. "그때에 나는 보좌에서 큰 음성이 울려 나오는 것을 들었습니다. '보아라, 하나님의 집이 사람들 가운데 있다. 하나님이 그들과 함께 계실 것이요, 그들은 하나님의 백성이 될 것이다. 하나님이 친히 그들과 함께 계시고, 그들의 하나님이 되실 것이다'"(새번역, 계 21:3). 한때 예루살렘에 있는 솔로몬의 성전을 가득 채웠던 하나님의 영광(왕상 8:11)이 이제는 새 예루살렘을 가득 채우고 결코 떠나지 않을 것이다(계 21:11). 이제 더 이상 주님의 특별한 임재를 보장하기 위해 성전이나 빛을 내는 천체들을 필요로 하지 않는다. "나는 그 안에서 성전을 볼 수 없었습니다. 그것은 전능하신 주 하나님과 어린 양이 그 도성의 성전이시기 때문입니다. 그 도성에는, 해나 달이 빛을 비출 필요가 없습니다. 그것은, 하나님의 영광이 그 도성을 밝혀 주며, 어린 양이 그 도성의 등불

이시기 때문입니다"(새번역, 계 21:22-23). 하나님께서 친히 우리와 함께하신다.

그리고 마지막으로 새 예루살렘에는 옛 예루살렘과는 달리 죄나 죄의 결과에 관련된 어떠한 흔적도 없을 것이다. 예수께서 옛 예루살렘에서 세상 죄를 위해 고난받으셨고, 죽으셨다. 그 결과 새 예루살렘을 위한 무대가 마련되었다. 이곳에서는 주님께서 "그들의 눈에서 모든 눈물을 닦아 주실 것이니, 다시는 죽음이 없고, 슬픔도 울부짖음도 고통도 없을 것이다. 이전 것들이 다 사라져 버렸기 때문이다"(계 21:4). 마법처럼 죄가 사라져 버린 것이 아니라, 하나님께서 우리를 용서하신 것이다!

요한계시록의 지리는 성경의 시작점과의 연결을 확정하는 마지막 한 단계로 나아간다. 그곳은 바로 에덴동산이다. 에덴동산이 명시적으로 언급되지는 않지만, 요한계시록 22장의 지리 묘사는 그곳이 성경 이야기가 끝나는 장소라는 것을 명확히 보여 준다. "천사는 또, 수정과 같이 빛나는 생명수의 강을 내게 보여 주었습니다. 그 강은 하나님의 보좌와 어린 양의 보좌로부터 흘러 나와서, 도시의 넓은 거리 한가운데를 흘렀습니다. 강 양쪽에는 열두 종류의 열매를 맺는 생명 나무가 있어서, 달마다 열매를 내고, 그 나뭇잎은 민족들을 치료하는 데 쓰입니다. 다시 저주를 받을 일이라고는 아무것도 그 도성에 없을 것입니다"(새번역, 계 22:1-3).

이 새로운 하늘과 땅, 이 새로운 예루살렘은, 에덴동산이 그곳 주변을 흐르는 강을 가지고 있었듯이(창 2:10), 생명을 주는 강이 그 주변에 흐르고 있다. 더욱 중요한 것은 이곳이 바로 생명나무에 대해서 성경에서 언급하는 또 다른 유일한 지점이라는 것이다. 아담과 하와가 죄를 범했을 때, 그들은 동산에서 추방되었는데, 그 이유는 이 나무에서 나는 열매를 먹을 수 없게 하려는 것이었다(창 2:9; 3:22, 24). 다시 말해, 하나님께서는 죄의 저주(창 3:16-17)가 영원히 인간의 삶을 규정해 버리지 않도록 그 나무로부터 분리시키신 것이다. 그러나 이제는 그 저주가 사라졌기 때문에, 생명나무로 나아가는 것이 거부될 필요가 없다. 실제적이고 지리적인 에덴동산으로의 귀환으로 말미암아 인간의 타락과 우리가 그토록 염원하던 영생 사이에서 우리의 운명이 완전하고도 확정적으로 역전된다.

결말은 특히 그것이 시작과 밀접한 연관이 있을 때 중요하다. 주님께서 우리로 장소와 더불어 살아가도록 지으셨기에 우리는 언제나 장소의 사람들people of place이 될 것이다. 문제는 이것이다.

우리는 어떤 장소에 거주할 것인가?

시작 부분에서 주님께서는 우리로 하여금 정교하게 만들어진 하늘과 땅에서 주님과 교제를 나누도록 하셨다. 타락 후에 하나님의 구원 계획은 역사적으로, 그리고 지리적으로, 점차 진전되었다. 주님께서는 아브라함에게 그의 가족이 위대한 나라가 되고 그들만의 땅을 소유하게 될 것이라고 약속해 주셨다. 그 땅 위에서, 그리고 그 민족으로부터 주님께서는 에덴동산에서 잃어버렸던 축복을 회복시키실 것이라고 약속하셨다(창 12:3). 우리의 초점은 약속의 땅으로, 그리고 예루살렘으로 옮겨 갔고, 그곳에서 우리는 구원 계획이 발전해 가는 것을 보았다.

이제 이 모든 것은 어디에서 끝나게 될까? 아직 지도에 확정하지 못한 곳, 바로 새 하늘과 새 땅에 있는 새 예루살렘이다. 그것은 우리 눈에 보이지 않지만 분명히 알고 있는 미래의 한 장소에 대한 우리의 소망이기도 하다.

그래서 요한계시록의 일곱 교회처럼, 우리는 시련과 도전을 통해, 개인적인 고통과 상실을 거쳐, 우리가 마지막에 서게 될 곳을 확신하며 나아간다. 그곳에서 우리는 "세세토록 왕 노릇"할 것이고(계 22:5), 그곳에는 "다시는 죽음이 없고, 슬픔도 울부짖음도 고통도 없을 것이다. 이전 것들이 다 사라져 버렸기 때문이다"(새번역, 계 21:4).

우리는 우리가 시작한 곳에서 끝을 맺게 될 것이다.

미주

제2장

1. Ewan W. Anderson, *The Middle East: Geography and Geopolitics* (New York: Routledge, 2000), 289.

2. 이 정보는 다음에서 얻은 것이다. The World Bank Group, "Renewable Internal Freshwater Resources per Capita (Cubic Meters)," 2017, https://data.worldbank.org/indicator/ER.H2O.INTR.PC.

제3장

1. Anson F. Rainey and R. Steven Notley, *The Sacred Bridge: Carta's Atlas of the Biblical World* (Jerusalem: Carta, 2006), 29.

2. Carl G. Rasmussen, *Zondervan Atlas of the Bible*, rev. ed. (Grand Rapids: Zondervan, 2010), 82.

3. Barry J. Beitzel, *The New Moody Atlas of the Bible* (Chicago: Moody, 2009), 90.

4. John Walton, ed., *Zondervan Illustrated Bible Backgrounds Commentary: Old Testament*, 5 vols. (Grand Rapids: Zondervan, 2009), 1:29.

5. J. Daniel Hays and J. Scott Duvall, eds., *The Baker Illustrated Bible Handbook* (Grand Rapids: Baker Books, 2011), 46.

6. John H. Sailhamer, *The Pentateuch as Narrative: A Biblical-Theological Commentary* (Grand Rapids: Zondervan, 1992), 110–11.

7. 창세기 10장이 우리의 초점을 어떻게 가나안으로 기울게 하는지에 대한 논의를 살펴보려면, John A. Beck, *Discovery House Bible Atlas* (Grand Rapids: Discovery House, 2015), 46–48을 보라.

8. 이곳은 아마도 비옥한 초승달 지대의 남동쪽이나 비옥한 초승달 지대의 꼭대기 가까운 곳에 있는 수메르 지역의 우르일 것이다. Beitzel, *New Moody Atlas*, 98–100을 보라.

9. Michael D. Coogan, ed., *The Oxford History of the Biblical World* (New York: Oxford University Press, 1998), 44–45.

10. John Bright, *A History of Israel*, 3rd ed. (Philadelphia: Westminster, 1981), 55.

11. Walter C. Kaiser Jr., *The Promise-Plan of God: A Biblical Theology of the Old and New Testaments* (Grand Rapids: Zondervan, 2008), 345.

12. 이와 관련하여 더 자세히 알아보려면, John A. Beck, ed., *The Baker Book of Bible Charts, Maps, and Time Lines* (Grand Rapids: Baker Books, 2016), 88을 보라.

13. Beck, Discovery *House Bible Atlas*, 56.

제4장

1. 레반트의 주민들은 기근이 찾아올 때마다 보통 이집트로 피신하곤 했다. James K. Hoffmeier, *Israel in Egypt: Evidence for the Authenticity of the Exodus Tradition* (New York: Oxford University Press, 1996), 68을 보라.

2. 이 통치자를 출애굽 때의 통치자와 동일시하는 것은 논쟁 중이다. 더 자세한 내용을 위해서는 Eugene H. Merrill, *Kingdom of Priests: A History of Old Testament Israel* (Grand Rapids: Baker, 1987), 58-75을 보라.

3. Paul H. Wright, *Greatness, Grace, and Glory: Carta's Atlas of Biblical Biography* (Jerusalem: Carta, 2008), 17.

4. 재앙들이 이집트의 신학과 경제에 영향을 미친 방식을 개략적으로 보여 주는 도표를 보려면 Beck, ed., *Charts, Maps, and Time Lines*, 89을 보라.

5. John Bright, *A History of Israel*, 3rd ed. (Philadelphia: Westminster, 1981), 108.

6. 학자들 간의 대화의 예시를 보려면, Rasmussen, *Zondervan Atlas of the Bible*, 104-5와 Beitzel, *New Moody Atlas*, 109-13를 보라.

7. 광야에 분명히 나타나는 다양성은 성경 저자들이 광야를 나타내기 위해서 사용하는 다양한 이름들(수르 광야, 신 광야Desert of Sin, 시내 광야, 바란 광야, 신 광야Desert of Zin)에 암시되어 있다(출 15:22; 16:1; 17:1; 19:1; 민 10:12; 20:1).

8. 성경에 나오는 광야에 대한 사상을 좀 더 자세하게 다루려면, John A. Beck, "What Is Wilderness?," in *Land without Borders: How God Guides You through the Wilderness* (Grand Rapids: Discovery House, 2018), 31-43을 보라.

9. 이러한 관찰은 Paul H. Wright, *The Illustrated Guide to Biblical Geography* (prepublication draft, 2012), 315-19에서 가지고 온 것이다.

10. 가장 이해하기 어려운 경계는 북동쪽 국경이다. 나에게 있어서 그 언어는 약속의 땅이 지중해부터 르홉Lebo Hamath과 하우란Hauran까지 확장되어, 결국에는 야르무크Yarmuk 강의 북쪽에 있는 갈릴리 바다를 향해 되돌아오는 고리 모양으로 되어 있는 것을 암시한다. 반대 견해를 보려면, Beitzel, *New Moody Atlas*, 26-29을 참고하라.

11. George Adam Smith, *The Historical Geography of the Holy Land, Especially in Relation to the History of Israel and of the Early Church* (1897; repr., London: Forgotten Books, 2012), 576.

12. See Beck, Discovery *House Bible Atlas*, 83-85

제5장

1. Iain Provan, V. Philips Long, and Tremper Longman III, *A Biblical History of Israel* (Louisville: Westminster John Knox, 2003), 150.

2. 설계에 대한 더 많은 정보를 위해서는 John A. Beck, ed., *The Baker Illustrated Guide to Everyday Life in Bible Times* (Grand Rapids: Baker Books, 2013), 123-25을 보라.

3. 추가적인 논의를 위해서는 Beck, *Discovery House Bible Atlas*, 87–89을 보라.

4. 개별 장소들에 대한 더 세부적인 논의를 위해서는 Beck, *Charts, Maps, and Time Lines*, 96–97을 보라.

5. 요단 동편 지파들은 이미 그들의 땅을 분배받았다(민 32:33–42). 큰 세 지파인 유다와 므낫세와 에브라임은 길갈에 그들의 땅을 분배받았다(수 15:1–17:11).

6. 이 문서에 대해 더 세부적인 내용을 살펴보려면, Provan, Long, and Longman, *Biblical History of Israel*, 170–72을 보라.

7. Ralph K. Hawkins, *How Israel Became a People* (Nashville: Abingdon, 2013), 121–35.

8. 사사들과 그들의 업적에 대한 개관에 대해서는, Beck, *Charts, Maps, and Time Lines*, 100을 보라.

9. 이 주제와 관련해서 더 많이 알려면, Beck, *Discovery House Bible Atlas*, 102–4을 보라.

제6장

1. 언약궤에 대한 더 긴 소개를 위해서는 J. Daniel Hays, *The Temple and the Tabernacle: A Study of God's Dwelling Places from Genesis to Revelation* (Grand Rapids: Baker Books, 2016), 36–43을 보라.

2. 이스라엘의 왕들이 어떻게 고대 근동의 다른 왕들과 구별되었는지에 대한 요약을 보려면, Beck, *Charts, Maps, and Time Lines*, 102을 보라.

3. 추가적인 논의를 위해서는 Beck, *Discovery House Bible Atlas*, 152–54을 보라.

제7장

1. Bright, *A History of Israel*, 231–32.

2. 북왕국 왕들에 대한 개괄적인 평가를 보려면, Beck, *Charts, Maps, and Time Lines*, 110–11을 보라.

3. 남왕국 왕들에 대한 개괄적인 평가를 보려면, Beck, *Charts, Maps, and Time Lines*, 112–13을 보라.

4. Beck, *Discovery House Bible Atlas*, 157–59.

5. 이 싸움과 갈멜산 사이의 관계에 대해서 더 자세히 알아보려면, Beck, *Discovery House Bible Atlas*, 165–68을 보라.

제8장

1. 이 세 번의 추방을 보여 주는 차트를 위해서는 Beck, *Charts, Maps, and Time Lines*, 124을 보라.

2. Bright, *History of Israel*, 344.

3. Walter C. Kaiser Jr., *A History of Israel: From the Bronze Age through the Jewish Wars* (Nashville: Broadman & Holman, 1998), 414.

4. Edwin M. Yamauchi, "Persians," *in People of the Old Testament World*, ed. Alfred J. Hoerth, Gerald L. Mattingly, and Edwin M. Yamauchi (Grand Rapids: Baker, 1994), 112.

5. 예후드에 관해 말하면, 바사는 특히 애굽으로 이어지는 육교 위에 동맹국을 세우는 데 관심이 있었다. Kaiser, *History of Israel*, 439을 보라.

6. 이 세 번의 포로 귀환을 세부적으로 보여 주는 차트를 위해서는 Beck, *Charts, Maps, and Time Lines*, 124를 보라.

7. Beck, *Discovery House Bible Atlas*, 207.

8. Yohanan Aharoni, *The Land of the Bible: A Historical Geography*, rev. ed. (Philadelphia: Westminster, 1979), 416-18.

9. 좀 더 완벽한 논의를 위해서는 Hays, *The Temple and the Tabernacle*, 107-11을 보라.

제9장

1. 갈릴리의 다양한 지역에서 일어난 예수 삶의 모든 사건들과 교훈들의 목록을 보려면, Beck, *Charts, Maps, and Time Lines*, 186-88을 참고하라.

2. Smith, *Historical Geography of the Holy Land*, 419-20.

3. 1세기 지역들의 고고학적 발견은 이러한 관점을 충분히 뒷받침한다. Jonathan L. Reed, *Archaeology and the Galilean Jesus* (Harrisburg, PA: Trinity Press International, 2000), 51을 보라.

4. Jodi Magness, *The Archaeology of the Holy Land: From the Destruction of Solomon's Temple to the Muslim Conquest* (Cambridge: Cambridge University Press, 2012), 192.

5. Thomas R. Hatina, "Palestine," in *The World of the New Testament: Cultural, Social, and Historical Contexts*, ed. Joel B. Green and Lee Martin McDonald (Grand Rapids: Baker Academic, 2013), 477.

6. Smith, *Historical Geography of the Holy Land*, 423.

7. 더 자세한 설명을 위해서는 John A. Beck, *Along the Road: How Jesus Used Geography to Tell God's Story* (Grand Rapids: Discovery House, 2018), 107-13을 보라.

8. Rainey and Notley, *The Sacred Bridge*, 362.

9. 마태는 그런 사람 둘이 있었다고 이야기하고(마 8:28-34), 마가와 누가는 그 두 사람 중의 한 사람에게만 초점을 맞춘다(막 5:1-20; 눅 8:26-37).

10. 바빌론 탈무드에 있는 Baba Bathra 75와 Craig S. Keener, *A Commentary on the Gospel of Matthew* (Grand Rapids: Eerdmans, 1999), 269-70을 보라.

11. John A. Beck, "The Geography of Forgiveness," in *Lexham Geographic Commentary on the Gospels*, ed. Barry J. Beitzel (Bellingham, WA: Lexham, 2018), 258-64.

12. Joachim Jeremias, *Jerusalem in the Time of Jesus* (Philadelphia: Fortress, 1969), 254.

13. Michelle Lee-Barnewall, "Pharisees, Sadducees, and Essenes," in *The World of the New Testament: Cultural, Social, and Historical Contexts*, ed. Joel B. Green and Lee Martin McDonald(Grand Rapids: Baker Academic, 2013), 217.

14. Jeremias, *Jerusalem in the Time of Jesus*, 254.

15. 더 자세한 논의를 위해서는 "Authority,"in Beck, *Baker Illustrated Guide to Everyday Life in Bible Times*, 18-20을 보라.

16. John McRay, *Archaeology and the New Testament* (Grand Rapids: Baker, 1991), 77-78.

17. 지금까지 예루살렘에서 발견된 가장 초기의 고고학적 증거는 금석 병용 시대(주전 4000년, 석기 시대에서 청동기 시대로의 과도기—역주)의 것이고, 가장 초기의 도시 건축은 주전 18세기까지 거슬러 올라간다. Dan Bahat, *The Carta Jerusalem Atlas*, 3rd ed. (Jerusalem: Carta, 2011), 18.

18. Wright, *Greatness, Grace, and Glory*, 192.

19. Beck, *Discovery House Bible Atlas*, 266-69.

20. Beck, *Charts, Maps, and Time Lines*, 202.

제10장

1. Carey C. Newman, "Acts," in *A Complete Literary Guide to the Bible*, ed. Leland Ryken and Tremper Longman III (Grand Rapids: Zondervan, 1993), 440.

2. 솔로몬의 행각은 성전 건물의 동쪽에 있는 주랑covered porch이다. Clinton E. Arnold, ed., *Zondervan Illustrated Bible Backgrounds Commentary: New Testament*, 5 vols. (Grand Rapids: Zondervan, 2002), 2:243을 보라.

3. 오순절을 위해서 이 장소를 사용했다는 것을 지지하는 더 자세한 설명을 위해서는 Beck, *Discovery House Bible Atlas*, 287-90을 보라.

4. Ben Witherington III, *New Testament History: A Narrative Account* (Grand Rapids: Baker Academic, 2001), 178.

5. Hays and Duvall, *Baker Illustrated Bible Handbook*, 708.

6. John McRay, *Archaeology and the New Testament* (Grand Rapids: Baker, 1991), 146-47.

7. Craig S. Keener, *Acts: An Exegetical Commentary*, 4 vols. (Grand Rapids: Baker Academic, 2013), 2:1503-5.

8. John A. Beck, "Samaria/Sebaste, Too Wicked to Redeem?," in *Lexham Geographic Commentaryon Acts through Revelation*, ed. Barry J. Beitzel (Bellingham, WA: Lexham, forthcoming).

9. 예를 들면, Rainey and Notley, *The Sacred Bridge*, 371과 Beitzel, *New Moody Atlas*, 251-52 을 보라.

10. 희년서 22:16와 마카베오3서 3:4을 보라

11. John A. Beck, "Caesarea Maritima, the Story that Changed the Church,"in *Beitzel, Lexham Geographic Commentary on Acts through Revelation*을 보라.

12. Witherington, *New Testament History*, 236.

13. Richard L. Niswonger, *New Testament History* (Grand Rapids: Zondervan, 1988), 227.

14. Wright, *Greatness, Grace, and Glory*, 233.

15. 로마 세계의 계급 구조에 대한 논의를 위해서는 James S. Jeffers, *The Greco-Roman World of the New Testament: Exploring the Background of Early Christianity* (Downers Grove, IL: IVP Academic, 1999), 180–93을 보라.

16. Jeffers, *Greco-Roman World*, 16–17.

17. Jeffers, *Greco-Roman World*, 75, 102.

18. Witherington, *New Testament History*, 391.

19. Witherington, *New Testament History*, 394.

20. 각 교회를 위한 개별적인 메시지가 어떻게 그 교회가 있는 곳의 지리에 들어맞는지에 대한 논의를 위해서는 Rasmussen, *Zondervan Atlas of the Bible*, 235–39을 보라.

21. Wright, *Greatness, Grace, and Glory*, 247.

성경 색인

지명 색인(지도상의 표기는 제외)